U0918045

中等职业教育“十二五”规划教材

公共基础课教材系列

普通话教程

倪望轩　主　编

张　军　陈少斌　熊元生　邵　冬　副主编

科学出版社

北　京

内 容 简 介

本书是根据教育部关于中等专业学校普通话教学的基本要求编写，供中职学校普通教学所用。

沟通和合作能力是中职学生必备的综合职业能力之一，而普通话是实现良好沟通和合作的媒介和手段。基于此，我们在本书的编写体例上，采用了“基础模块”与“实践模块”相结合的方法，从基础知识入手，重在训练和应用。主要包括：进一步加强中等专业学校普通话教学工作，普通话基础知识、普通话的学习和运用、普通话水平测试等四个方面的内容。

本书既可作为中等专业学校教材，也可作为各类普通话培训用书，还可以供广大社会青年学习普通话使用。

图书在版编目（CIP）数据

普通话教程/倪望轩主编. 一北京：科学出版社，2007
（中等职业教育“十二五”规划教材·公共基础课教材系列）
ISBN 978-7-03-019791-7
Ⅰ. 普… Ⅱ. 倪… Ⅲ. 普通话一专业学校一教材 Ⅳ. H102
中国版本图书馆 CIP 数据核字（2004）第 132640 号

责任编辑：沈力匀 周 恢/责任校对：赵燕
责任印制：吕春珉/封面设计：耕者设计工作室

科学出版社 出版
北京东黄城根北街 16 号
邮政编码：100717
http：//www. sciencep. com
北京中科印刷有限公司印刷
科学出版社发行 各地新华书店经销
*
2007 年 9 月第 一 版 开本：787×1092 1/16
2020 年 2 月第八次印刷 印张：10 1/4
字数：237 000

定价：32.00 元

（如有印装质量问题，我社负责调换〈中科〉）
销售电话 010-62136131 编辑部电话 010-62135235（SP04）

本书编委会

前　　言

中等职业教育的培养目标是数以亿计的高素质劳动者和数以千万计的中初级专门人才。而强化学生的沟通和合作素养则是中等专业学校素质教育的重要内容。因此加强普通话课程的改革和建设既是强化学生沟通和合作素养的需要，更是服务于学生就业和发展的需要。

国务院国发［1992］63号文件，原国家教委［1991］522号文件都对中等专业学校开设普通话课程均有明确规定："必须加强职业中学（中等专业学校）普及普通话的工作，要把掌握和使用普通话纳入职业中学的培养目标，作为职业技能训练的重要内容，使学生的普通话水平能够适应未来职业的需要。""职业中学（中等专业学校）都要开设普通话课程，要把普通话作为一项重要基本功，认真训练，严格考核；普通话不合格的毕业生，必须进行补裸和补考，补考合格后方可发给证书。"

我们组织了力量编写了这本《普通话教程》。本书包括：进一步加强中等专业学校普通话教学工作，普通话基础知识，普通话的学习和运用，普通话水平测试等四个方面的内容。本书是在博采众多语言学家、口语专家的新近研究成果，密切结合课堂教学与言语训练的基础上进行编写的。既重视了传统的语音训练，又拓展了语词、语句、语用领域的教学，力求通过语言知识、对应规律、运用技巧和言语意识来进行有关普通话的语音、语词、语句、语用的全方位训练，达到熟练运用普通话的目的。与此同时，本书还介绍了有关普通话测试的有关知识和应试要领，以期帮助学生获取普通话测试的等级证书或合格证书，并借此促进职业学校的证书教育工作，力争以学生的就业提供一种凭藉。

本书主要作为中等专业学校普通话课程的试用教材，也可作为广大社会青年的普通话自修教材。由于编者水平有限，加之时间仓促，疏漏之处在所难免，恳请广大读者予以指正。

目　　录

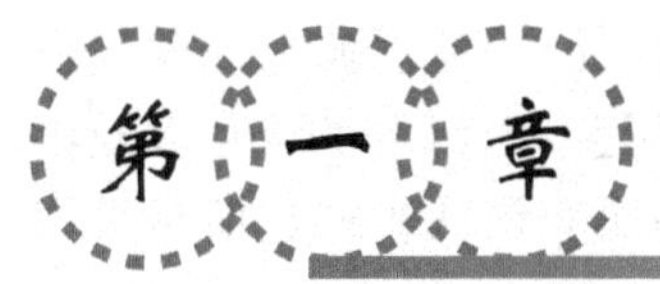

第一章 大力推广普通话

第一节　普通话和汉语方言

一、什么是普通话

普通话是“以北京语音为标准音，以北方话为基础方言，以典范的现代白话文著作为语法规范的现代汉民族共同语。”普通话是现代汉民族通用的语言，由于它的特殊地位和作用，它也是中华各民族之间交际的通用语言。

普通话是在北方方言的基础上形式的，北方方言之所以能成为民族共同语——普通话的基础方言，取决于以下两点①在我国长江以北的广大地域、包括云、贵、川在内，北方方言是可以通行的。②从历史上看，我国北方一直都是政治、经济、文化的中心，秦汉至宋代，历代王朝都在北方建都，元、明、清三代都城都在北京，北方方言的地位和影响自然是不言而喻的。

普通话是一种规范的语言，作为民族共同语，它的语音、词汇和语法都有明确的规范标准，这就是普通话定义中的三条标准。

1. 普通话以北京语音为标准音

“以北京语音为标准音”，指普通词语的读音，是北京语音。普通话采用了北京话的声、韵、调系统，而不是其他方言的语音系统。当然，普通话以北京语音为标准音，并不是一概照搬。普通话的语音又不完全等同于北京语音，它摒弃了北京人口语中未加以规范的东西，如“鼻音过重，连读时随意的增音、减音及儿化音过多”等语音现象。

2. 普通话以北京话为基础方言

“以北方话为基础方言”，指普通话是在北方方言的基础上形成的，同时这也是普通话的词汇标准。这就是说，北方方言的词汇，是普通话词汇的基础。普通话以北方方言词汇作为自己的词汇，指的是那些在北方方言区内能够通行的词汇，并不是指北方方言区内的所有词汇，因而，北方方言词汇不等于普通话词汇。普通话的词汇除了采用北方方言词汇外，还吸收了古语词，如“华诞”，有表现力的方言词，如“搞”，及外来词汇，如“巧克力”。同时普通话词汇本身也要发展，而随着社会的发展和社会的需求，还会产生一些新词语，如“老外”、“软着陆”等。

3. 普通话以典范的现代白话文著作为语法规范

“以典范的现代白话文著作为语法规范”，指普通话的语法是以典范的现代白话文著作的语法规则作为语法标准的。如《毛泽东选集》，鲁迅、郭沫若的著作以及国家的法令文件等。当然，普通话也不一概采用这些著作中的所有语法模式，而是采用一般的、通行的语法规则。

二、汉语方言的分区

方言是语言的地方变体，是通行于某一地域的语言（或称地理方言）。方言又是与民族共同语相比较而言的，现代汉语方言与民族共同语——普通话是现代汉语的不同分支。普通话的发展比方言要快，是现代汉语发展的一种高级形式。普通话与方言的差异主要表现在语音方面，词汇和语法也有一定差异。

汉语方言分歧严重。造成各地方言差异的原因很多，主要是山川地理阻隔，交通不便、政治区划分造成的向心力和封闭性；人口流动、迁徙等原因。

我国幅员辽阔，人口众多，由于历史和现实的多种因素，造成我国汉语方言复杂、分歧严重的现实。《中国语言地图集》将我国汉语方言做了比较细致的划分，这里做简要介绍。

（1）北方方言区：北方方言区也称官话区。北方方言是民族共同语——普通话的基础方言。北方方言分布在我国长江以北，包括云南、贵州、四川三省及重庆市的广大地域。北方方言内部一致性强，各地方言可以通行。

（2）晋语区：晋语分布在我国山西省境内及相邻的内蒙古、河北、河南、陕西的部分地域。晋语区虽然地处我国北方，但还保留着带喉塞音尾的入声，因而与周边的北方方言（官语）有明显区别。

（3）吴语区：吴语分布在江苏省东南，上海市，以及浙江省及相邻的赣东北、闽北地域。

（4）徽语区：徽语分布在安徽省南部、浙江省西部和江西省东北等地域。

（5）赣语区：赣语分布在江西省中部和北部；湖南省东部和西南部；湖北省东南部，以及安徽省南部、福建省西北部的部分地域。

（6）湘语区：湘语分布在湖南省中部湘江、资水、沅江流域，以及湘江上游广西的东方角等地域。

（7）闽语区：闽语分布在福建、台湾、海南三省的大部分地域，以及广东省东部潮汕地区和雷州半岛一带。

（8）粤语区：粤语分布在广东及广西的珠江三角洲一带。

（9）平语区：广西中部一带的汉语方言，主要分布在桂林、柳州、南宁之间的交通要道一带。

（10）客家话区：客家话分布在广东、广西、福建、江西、四川、湖南、台湾、海南等地域，比较集中的是广东省东部、中部，福建省西部和江西省南部。

第二节　中等专业学校加强普通话教学工作的法律依据

湖北省教育委员会、湖北省语言文字工作委员会关于转发国家教委、国家语委《职业中学（中等专业学校）普及普通话工作评估指导标准》、《职业中学（中等专业学校）普通话教学基本要求》的通知如下所示。

各地、市、州、直管市教委、语委：

现将国家教委、国家语委关于《职业中学（中等专业学校）普及普通话工作评估指导标准》（以下简称《标准》）和《职业中学（中等专业学校）普通话教学基本要求》（以下简称《基本要求》）转发给你们，请结合鄂语［1994］03号文一并执行。现就组织实施提出如下意见。

一、职业中学（中等专业学校）推广普通话是一项新的又比较艰巨的长期工作任务。为了有领导、有计划地广泛开展这项活动，必须加强对这项工作的领导。根据鄂语［1994］03号文件精神，全省开展职业中学（中等专业学校）的推普工作由省语委办负责全面安排，省教委职教处和省职教研究中心配合，各地、市、州及省直辖市由教委职教部门全面负责，语言文字工作部门主动积极地配合搞好这项工作。

二、普通开展普通话课的教学和教研。全省职业中学（含普通中专、职业高中、职业初中）从1996～1997学年度起按《基本要求》（即教职［1996］14号文）开设普通话课程，并纳入中等职业教育的基本技能训练和教学管理常规。在全国统编教材出版之前，各地按《基本要求》及省定教学计划、教材开课。为保证教学质量的提高，省将适时举办职业中学普通话教师培训班，并编写有关教材。各级职教主管部门、语言文字工作部门及职教研究室要深入开展职业中学普通话教学的研究和督导工作。

三、进行普通话水平等级测试。国家教委、国家语委、广电部已就开展普通话水平等级测试专门发文（国语［1994］43号），《标准》进一步就职业中学教职员和学生普通话水平和使用情况做出了明确规定，并将其作为学校普通话工作的重要内容。根据这一规定，省将适时首先组织全省职业中学毕业生普通话水平等级测试。请各地和学校做好有关准备。

四、完善目标管理、量化评估的激励机制。根据国家教委教职［1996］13号文件精神，各级教委要将普及普通话工作列入职业中学校长任期目标，列为职业中学教育教学质量评估的重要内容之一。为了推动职业中学普及普通话工作实行目标管理、量化评估，尽快进入制度化、规范化、科学化的管理轨道，我省将依据国颁《标准》（即教职［1996］13号文）尽快制定检查操作用的评估标准和检查评估工作计划，并安排检查评估的进度（另行通知）。

湖北省教育委员会
湖北省语言文字工作委员会
一九九六年十二月十五日

国家教育委员会、国家语言文字工作委员会关于印发《职业中学（中等专业学校）普通话教学基本要求》的通知如下所示。

各省、自治区、直辖市教委、教育厅、语委、广东省高教厅，新疆生产建设兵团教委：

《国务院批转国家语委关于当前语言文字工作请示的通知》（国发［1992］63 号）要求："职业高中（中等专业学校）都要开设普通话课程，要把普通话作为一项重要基本功，认真训练，严格考核；普通话不合格的毕业生，必须进行补课和补考，补考合格后方可发给毕业证书。"国家教委教办［1991］522 号文件和国家语委、国家教委国语［1993］68 号文件对此也有同样的规定。为落实国家的这项规定，使普通话工作切实纳入中等职业教育的基本技能训练和教学管理常规，根据 1996 年 3 月全国职业中学普及普通话工作交流汇报会讨论的意见，国家教委、国家语委制定了《职业中学（中等专业学校）普通话教学基本要求》（以下简称《基本要求》）。本《基本要求》对职业中学（中等专业学校）普通话教学课程的目的、性质和《基本要求》的适用范围做了明确规定，对不同类别专业的教学目标和要求也提出原则性的指导意见。它是各地职业中学（含职业高中、普通中专、职业初中）开设普通话（专业口语）课的指导性文件，是编写普通话（专业口语）课教材和进行普通话口语运用能力进行考核的依据，也是对职业中学各专业学生的普通话口语运用能力进行考核的依据，现将这个《基本要求》印发给你们，请遵照执行，并就有关事项通知如下：

一、各省、自治区、直辖市教委（教育厅、局）和语委要根据本地中等职业教育的实际情况和不同类别、不同专业学生培养目标的需要，研究制定出职业中学（中等专业学校）开设该课程（或在语文课、专业口语课中加强普通话口语教学）的具体实施意见，并将本《基本要求》逐级转发到市（地）、县（区）教育行政部门和语委以及所有职业中学，供各地各校参照执行。

二、职业中学（中等专业学校）普通话教学的统编教材，将由国家教委、国家语委组织编写。在统编教材出版之前，各省、市可根据专业需求和本地方言特点，自行选定或编写讲授教材和训练教材。

三、为保证普通话教学拥有足够的合格师资，各省、自治区、直辖市教委、语委应有计划地培训职业中学普通话口语教师。

四、本《基本要求》从 1996～1997 学年度起施行。

国家教育委员会
国家语言文字工作委员会
一九九六年九月二十六日

职业中学（中等专业学校）普通话教学基本要求如下所示。

国务院国发［1992］63 号文件、国家教委教办［1991］522 号文件对职业中学开设普通话课程均有明确规定。国家语委、国家教委国语［1993］68 号文件还指出："必须加强职业中学普及普通话的工作，要把掌握和使用普通话纳入职业中学的培养目标，作为职业技能训练的一项重要内容，使学生的普通话水平能够适应未来职业的需要。"为此，特制定《职业中学（中等专业学校）普通话教学基本要求》。

职业中学各专业的普通话教学属于基本技能训练课，必须列入专业基本技能类的必修课。

本《要求》针对职业中学的师范类专业、与口语表达密切相关的专业和一般专业分别提出不同要求。

师范类专业包括幼儿师范、体育师范、艺术师范、普通师范等师范专业。

与口语表达密切相关的专业包括文秘、法律、警察、财会、金融、税务、经贸、工商管理、邮电和交通服务、医护、商业营销、广告、旅游、外事服务、餐厅客房服务等专业，这些专为为社会各界直接服务，口语表达为基本职业技能之一。

一般专业指上述专业以外的种类专业。

本《要求》同时供中等专业学校、技工学校参照执行。

一、教学基本要求

1. 师范类专业

普通话教学原则上执行国家教育委员会 1993 年 3 月 8 日颁布的《师范院校“教师口语”课程标准（试行）》。

“教师口语”课中的普通话教学部分，课时不得少于 36 学时，宜安排在新生入学后第一学期。

毕业年级学生的普通话水平均应达到二级乙等以上，其中北方话区学校毕业年级学生应有 40%以上达到二级甲等以上。南方方言区学校毕业年级学生应有 20%以上达到二级甲等以上。

2. 与口语表达密切相关的专业

学生毕业时应会说流畅的普通话，不必要求学生掌握系统的普通话理论知识。具体要求是：

（1）正确读出普通话的声母、韵母、声调和 400 个基本音节，熟练掌握《现代汉语常用字表》中的 2 500 个常用字和 1 000 个次常用字的读音；能用比较标准的普通话流畅、有感情地朗读课文；做有准备的发言时，语句通顺流畅，词汇、语法很少有误，语音失分率在 20%以下；自由交谈时，普通话比较流畅。

（2）学生能了解本地人学习普通话的主要难点，基本上能够辨别方音、纠正误读。

（3）学生在教学、集体活动和专业实践中，全部使用普通话；在校内各种场合自觉地使用普通话。

（4）毕业年级学生的普通话水平均应达到二级乙等以上，其中北方话区学校毕业年级学生有 40%以上达到二级甲等以上，南方方言区学校毕业年级学生应有 20%以上达到二级甲等以上。

3. 一般专业

（1）比照与口语表达密切相关的专业的基本要求，适当放宽，对学生进行普通话口语教学和训练。

（2）学生在教学、集体活动和专业实践中，全部使用普通话；在校内各种场合自觉地使用普通话。

（3）毕业年级学生的普通话水平均应达到三级甲等以上。

二、普通话教学应注意的问题

（1）普通话教学、训练必须同专业需求紧密结合。除师范类专业原则上执行师范院校的统一要求外，职业中学（中等专业学校）各专业普通话教学、训练在国家制定统编教材之前，暂由省、市根据专业需求和本地方言特点，自行选定或自编讲授教材和训练教材。在教学过程中，除讲授必要的普通话知识外，还应讲授国家语言文字工作的方针政策。

（2）普通话原则上应单独设课，也可以根据实际情况，在语文课和有关专业课中加强普通话口语训练。

（3）职业中学的普通话课是职业技能训练课，在传授必要的知识的基础上，要重在通过课堂教学、课外活动和专业实践等各种途径，采取多种形式，提高学生的普通话口语能力，培养学生的自学习惯。

（4）强化考核环节。国家教委《关于全国教育系统进一步加强语言文字规范化工作的通知》（教办［1991］522号）规定："各级各类师范院校和职业高中律师类、文秘类、公共服务类（旅游、商业、服务等）专业都要开设普通话课程，普通话不合格的毕业生，应进行补课和补考，待补考合格后，再发给毕业证书。"职业中学的师范类专业和口语表达密切相关的专业要严格执行这个规定。提前达到普通话等级要求的学生可免修普通话课。

湖北省语言文字工作委员会、湖北省教育厅关于印发进一步加强全省各级各类学校语言文字工作的实施意见的通知如下所示。

各市、州、省直管市、林区语委、教委（教育局）、各大中专学校：

为贯彻落实《中华人民共和国国家通用语言文字法》和全国学校语音文字工作会议精神，推动我省学校语言文字工作进一步发展，今年4月28日，省语委、省教育厅在武昌召开了全省学校语言文字工作会议。会议回顾总结了建国以来特别是1986年以来我省学校语言文字工作的成绩，分析了新世纪初学校语言文字工作面临的形势，明确了学校语言文字工作目标，研究部署了新世纪初全省学校语言文字工作的主要任务和工作措施。根据会议精神，现将《省语委、省教育厅关于进一步加强全省各级各类学校语言文字工作的实施意见》印发给你们，请结合本地本校实际，认真贯彻落实。各地各校的贯彻落实情况及好的做法和经验，请及时报省语委办。

湖北省语言文字工作委员会
湖北省教育厅
二〇〇一年六月十五日

湖北省语言文字工作委员会、湖北省教育厅关于进一步加强全省各级各类学校语言文字工作的实施意见如下所示。

为贯彻落实《中华人民共和国国家通用语言文字法》和全国学校语言文字工作会议精神，进一步做好我省各级各类学校普及普通话和用字规范化工作，推动全省语言文字工作稳步发展，根据国家有关要求，结合我省实际，现就进一步加强全省各级各类学校语言文字工作制定如下实施意见：

一、充分认识加强学校语言文字工作的重要意义。

(1) 语言文字工作关系到国家的统一、民族的团结、社会的进步和国际的交往。实现语言文字的规范化、标准化，是普及教育、提高文化水平、发展科学技术的一项基础工作。贯彻执行新时期国家语言文字工作方针政策，纠正语言文字应用中的混乱现象；努力使语言文字规范化、标准化，对推进我国改革开放和社会主义现代化建设具有重要意义。

(2) 语言文字是文化的重要载体，语言文字能力是人的基本素质之一。说好普通话、写好规范字、提高语言文字应用能力，是素质教育的重要内容。做好学校普及普通话和用字规范化工作，对于促进学生掌握科学文化知识、培养创新精神和实践能力、全面提高素质，对于继承和弘扬中华民族优秀传统文化、培养爱国主义情操、增强民族凝聚力都具有重要意义。

(3) 语言文字是最主要的信息载体，实现语言文字的规范化、标准化，是提高中文信息处理水平的先决条件。面对信息化时代的到来，必须大力加强信息技术教育。普及普通话和用字规范化有利于提高语言文字信息处理和交换的效益和水平，加大学校普及普通话和用字规范化工作力度，对适应信息技术教育的需要具有重要作用。

二、新世纪初我省学校语言文字工作目标。

根据国家精神，结合我省实际，新世纪初我省学校语言文字工作的目标是：到2005年，教师和学生的普通话水平基本达到规定的要求（即各级各类教师和职业学校、中等专业学校、高等院校毕业生的普通话水平达到二级以上）；普通话基本成为全省各级各类学校的教学语言和城镇学校的校园语言（即师生员工在教学、会议、宣传和其他集体活动中使用普通话）。教材用字，教学、公务和校园环境用字符合国家颁布的规范标准和要求。有条件的大中城市，应争取提前实现上述目标；已达标的学校要巩固成绩，不断提高规范化水平。偏远山区及语言复杂地区可适当推迟达标时限，但最迟应在2010年前达标。

三、明确普通话和规范汉字是学校基本的教育教学用语用字，是全面推进素质教育的需要。

(1) 坚持普通话在学校教育教学活动中的法定地位，认真贯彻“大力推进，积极普及，逐步提高”的推普工作方针。各级各类学校要通过汉语文课程教授普通话和规范汉字，充分发挥语文课在普及普通话、用字规范化中的主渠道作用。

(2) 各地教育行政部门和各级各类学校要认真贯彻落实《国家通用语言文字法》和教育部颁布的《＜教师资格条例＞实施办法》有关精神，有计划地开展普通话培训及测试工作。1954年1月1日以后出生的教师、学校管理人员均应参加普通话培训和水平测试，并要达到规定的等级标准；教师普通话水平应不低于二级乙等，其中语文教师和对外汉语教师不低于二级甲等，语音教师不低于一级乙等；学校管理人员的普通水平应不低于三级甲等。教师应当具备使用规范汉字的能力，其中语文教师应当熟悉汉字的各种规范标准，小学和幼儿园教师应熟悉运用汉语拼音。1954年1月1日以前出生的教师、学校管理人员的普通话水平不做达标硬性要求，但在教育教学过程中也应尽可能地使用普通话，并鼓励参加普通话培训，提高普通话水平。教师进修学校、教师继续教育中心等要将语言文字规范化要求列入教师继续教育的教学内容，增强教师说普通话、用规范字的意识和能力。

(3) 说好普通话、用好规范字是各级各类学生应具备的基本能力。小学生应学好汉语拼音，能利用汉语拼音识字、学习普通话。经过义务教育阶段教育的学生应能说比较标准的普通话，非义务教育阶段的学生应在已有的基础上继续巩固提高。职业学校、中等专业学校和高等学校的毕业生普通话水平应达到二级乙等以上。师范院校要继续坚持毕业生普通话不合格缓发毕业证书制度，其他学校（含职业学校、中等专业学校、高等院校等）也要逐步将普通话水平作为学生毕业的重要考核内容。

湖北省语言文字工作委员会

湖北省教育厅

二〇〇一年六月十五日

第二章 普通话基础知识

第一节　语音知识

一、语音的属性

语音是语言的表现形式，它是人的发音器官发出的有一定意义的声音。语音具有社会属性、物理属性、生理属性、心理属性等特点。语音的社会属性是语音的本质属性。

1. 语音的社会属性

语音的社会属性主要表现在以下几个方面。首先，语音是语言的信息载体，但语音作为语言符号形式，它本身并没有意义，它的信息传播的功能是社会赋予的。其次，一定的语音表达什么样的意义是任意的，是由社会决定的，这是语音的社会性的体现。例如：在我国北方，"［diedie］（爹爹）"这个音是指称父亲的，但在我国南方一些地方，这个音则用来表示爷爷的称谓。

语音的社会属性又反映在语音的民族性和地方性方面。汉语普通话、俄语、阿拉伯语都有自己独特的语音系统；而同一种语言的不同方言，也各有自己的语音系统。这些都集中而突出地反映了语音的社会属性这一本质属性。

2. 语音：物理属性

语音是语言的物质外壳，它是一种声音，所以它也和其他声音一样，同样具有音高、音强、音长、音色这四种物理特征，即声音的四要素。

（1）音高。音高就是声音的高低。它主要取决于发音体振动的快慢，同一个发音体在单位时间内振动快，次数多，声音就高，反之则低，因此，同一个人的声音也会有音高的变化。声音的高低与发音体本身有密切关系，发音体的大小、长短、粗细、松紧影响发音体振动频率，这会直接影响声音的音高。男人与女人、大人与小孩声音的音高有明显差异就是这个道理。

汉语声调的变化，主要是音调高低的变化。在特殊语境中，一个人的话语也可能出现绝对音高变化。

（2）音长。音长就是声音的长短。它取决于发音体振动时间的长短，发音体持续振动时间长，声音就长，反之则短。汉语的声调、轻音等与音长都有一定关系。

（3）音强。音强就是声音的强弱。音强与发音体振动幅度的大小和用力大小都有关系，用力大，振幅大，声音就强，反之，声音就弱。音强和声音的响度有关，但声音强未必就响度大，因为响度与音高、音长都有关。音强也有区别意义的作用。普通话的重音主要是由音强决定的，但和音高也有关。

（4）音色。音色也叫音质，它是声音的个性和特色，也是声音的本质所在。音色的不同，决定于发音体的差异、共鸣器的形状和发音方法的不同。例如：锣音不同于鼓音，虽然发音方法都是敲击。同一个人发出的“n”、“l”音色有别，这是因为发音方法不同，共鸣的方式也有差异所致。音色作为语言形式的本质特征，不仅对语音，而且对语言的区分都有重要意义。

3. 语音的生理属性

语音是人的发音器官发出来的，因而它必然具有生理属性。学习和了解语音的生理属性，主要是要掌握人体的发音器官，即呼吸器官、喉头和声带，口腔、咽腔和鼻腔等。如图 2-1 所示。

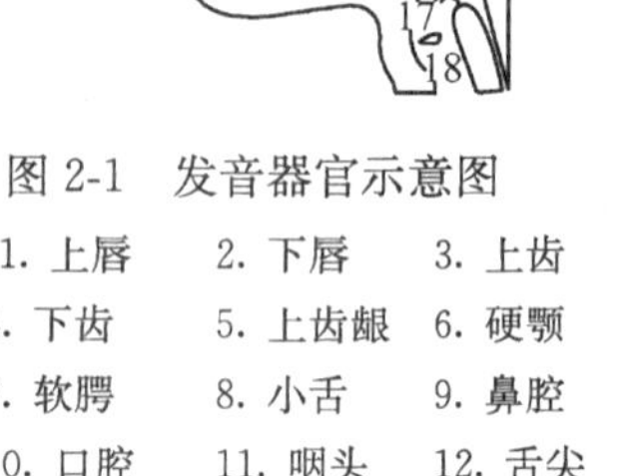

图 2-1　发音器官示意图

1. 上唇　2. 下唇　3. 上齿
4. 下齿　5. 上齿龈　6. 硬颚
7. 软腭　8. 小舌　9. 鼻腔
10. 口腔　11. 咽头　12. 舌尖
13. 舌叶　14. 前舌面　15. 后舌面
16. 食道　17. 声带　18. 气管

（1）呼吸器官。呼吸器官主要由肺、气管、支气管组成。肺是发音的“动力源”，提供发音的气流。气管和支气管是输送气流的管道。因而可以说，呼吸器官是人体发音的“动力部”。

（2）喉头和声带。喉头是发音时嗓音的成音部位。喉结、喉头由甲状软骨、环状软骨和两块构状软骨组成，上通喉头，下通气管。喉头的中间是声带，声带是主要的发音体，它由两片有弹性的薄膜构成。两片薄膜之间有个通道，就是声门。两块构状软骨支配声带松紧，让声门关闭或打开。气流通过声门，可使声带振动发音，声带的松紧、长短变化控制着声音的高低，气流通过的时间则决定声音的长短。

（3）口腔、咽腔和鼻腔。口腔是个可以调节的共鸣器，口腔的构成包括上唇、下唇、上齿、下齿、上齿龈、下齿龈、硬腭、软腭、舌（舌尖、舌面、舌根）和小舌。

咽腔位于口腔后部。咽腔下通喉头，前连口腔，上通鼻腔．咽腔不仅有共鸣作用，还可以和舌根结合发出一些辅音。

鼻腔是个固定的共鸣器。口腔和鼻腔靠软腭和小舌的作用——下垂则使气流通向鼻腔，造成“鼻音”，并产生共鸣，上升则阻塞通向鼻腔的气流，使气流通向口腔进行调节产生共鸣，这就是“口音”。

4. 语音的心理属性

语音的心理属性是语音物理属性和生理属性的反映。语言交际中，当声音传入一个人的耳朵后，听觉神经会像一个过滤器，只把那些反映“本质事物”的声音传给大脑的听觉神经。因而，语音的心理属性实际上是对语音的物理属性、生理属性的一种概括性反映。听音者所感受到的声音，只是发音体发出声音的一个部分，而听音者要“回答”发音者，也只是以大脑听觉神经接收到“本质事物”为依据，再指挥发音器官发音的。这个过程告诉我们，语音的分辨能力总是先于发音能力的。聋子听不见声音，也就无法回答发音者。因此，学习一种语言，发准一个音，首先考察和训练听音能力和辨音能力非常重要。例如，老师让学生一味跟读“l”声母，可学生发出的还是“n”，原因就在于学生并非口舌不灵，而是“听觉”有“障碍”。一个人如果长期听一种方言（或语言），那么其听觉神经则对这种方言（或语言）的感知就比较熟悉和固定，如果这个人要改读另一种语言（如普通话）或方言，听觉神经则往往从“语言习得”的言语去感知，面对有别于方音“习得”的东西反应“迟钝”，甚至会“听而不闻”。因此正确认识和了解语音的心理属性，对于语言学习和语音教学无疑具有重要的意义。

二、语音的几个基本概念

1. 音节和音素

音节是听觉上最容易分辨出来的语音的自然单位，是语音最基本的单位。从听觉上看，一个音节相对独立于另一音节，听觉上能自然感受到。汉语普通话中，一个汉字的读音就是一个音节，例如：“人”—“ren”。

音节在听觉上很容易分辨，但它不是最小的语音单位。音节再继续划分，就得出语音中最小的语音单位——音素。

音素是从音色角度划分出来的最小的语音单位。比如“shū”（书）是个音节，继续划分就得出“sh”、“u”两个音素。

音素是音节的构成单位，一个音节可以由一个音素构成，也可以由几个音素构成。普通话有32个音素。

2. 元音和辅音

元音和辅音是从发音特点（物理、生理）和在组成音节时的作用角度对音素进行的分类。

元音是发音时气流在口腔、咽头不受阻的音素，辅音是发音时气流受阻的音素。元音和辅音的区别主要是：

（1）发元音时，发音器官各部位肌肉保持均衡紧张状态；发辅音时，发音器官成阻部位肌肉特别紧张。

（2）发元音时，气流弱，声带颤动，声音响亮；发辅音时，气流强，声带一般不颤动，声音不响亮。

普通话中的32个音素，按元音和辅音归类后，元音有10个，辅音有22个。

3. 声母、韵母、声调

按照汉语传统的分析方法，总是把一个音分析成声母和韵母两部分，再加上一个贯通整个音节的声调。

声母是音节开头的辅音。例如：在“海 hǎi ”（hǎi）这个音节中。辅音 h 就是它的声母，虽然声母由辅音充当，但有的辅音不作声母时，只用作韵尾，如“huáng”（黄）中的 ng，而辅音 n 既可作声母，也作韵尾，如“nán”（南）中的两个辅音 n，在音节前头的是声母，在音节末尾的是韵尾。此外，有的音节前面没有声母，也可以说它的声母等于零，习惯上叫做“零声母”，如“鹅”（é）就是零声母音节。

韵母是指汉语音节中声母后面的部分。例如“海”（hǎi）这个音节里，“ai”就是它的韵母；零声母音节整个由韵母构成，如“欧”（ōu）。韵母有两种，一种完全由元音充当，如“a、ai”等；一种由元音带辅音构成，如“甘”（gān）、“耕”（gēng）、“关”（guān）中的“an、eng、uan”。

声调则是指音节中具有区别作用的音高变化。例如“偶”（ǒu）读起来先降低然后又升上去，这种先降后升的变化形式就是音节“偶”的声调。

普通话的声母和辅音不是一回事，韵母和元音也不能混为一谈。

声母、韵母是汉语语音学的两个基本概念，元音和辅音是现代语音学的两个概念。

汉语普通话的声母都由辅音充当，而“n”既可作声母，又可作韵尾。“ng”一般作韵尾，在“啊”的变读中，可起声母作用。例如“好冷啊”的“啊”读作“nga”。普通话有 21 个辅音声母。

汉语普通话的 10 个单元韵母都由单元音充当，复韵母中则有 2～3 个元音，鼻韵母中有元音也有辅音。例如：“电”（diàn）“灯”（dēng）。普通话共有 39 个韵母。

三、《汉语拼音方案》

《汉语拼音方案》是一套标记汉语普通话语音系统的法定方案。它由第一届全国人民代表大会第五次会议审议通过，并于 1958 年 2 月 11 日正式颁布推行。

《汉语拼音方案》以北京语音为标准音，采用国际上通用的拉丁字母，字母读音与国际上一般读音接近。

《汉语拼音方案》的主要用途是给汉字注音和作为推广普通话的工具。它也可以作为创制改革我国少数民族文字的共同基础，此外，它还可以用做编排索引和代号，用来音译人名、地名、科技术语等。在改革开放的新时代，《汉语拼音方案》在实现语文现代化，在信息处理的现代化方面，也发挥着重要作用。

《汉语拼音方案》包括五个部分，即字母表、声母表、韵母表、声调符号和隔音符号。

《汉语拼音方案》，如表 2-1、表 2-2、表 2-3 所示。

表 2-1　字母表

字母	Aa	Bb	Cc	Dd	Ee	Ff	Gg	Hh	Ii	Jj	Kk	Ll	Mm
名称	ㄚ	ㄅㄝ	ㄘㄝ	ㄉㄝ	ㄜ	ㄝㄈ	ㄍㄝ	ㄏㄚ	ㄧ	ㄐㄧㄝ	ㄎㄝ	ㄝㄌ	ㄝㄇ
字母	Nn	Oo	Pp	Qq	Rr	Ss	Tt	Uu	Vv	Ww	Xx	Yy	Zz
名称	ㄋㄝ	ㄛ	ㄆㄝ	ㄑㄧㄡ	ㄚㄦ	ㄝㄙ	ㄊㄝ	ㄨ	ㄪㄝ	ㄨㄚ	ㄒㄧ	ㄧㄚ	ㄗㄝ

注：V 只用来拼写外来语、少数民族语言和方言。字母的手写体依照拉丁字母的一般书写习惯。

表 2-2　声母表

字母	b	p	m	f	d	t	n	l	g	k	h
名称	ㄅ玻	ㄆ坡	ㄇ摸	ㄈ佛	ㄉ得	ㄊ特	ㄋ讷	ㄌ勒	ㄍ哥	ㄎ科	ㄏ喝
字母	j	q	x	zh	ch	sh	r	z	c	s	
名称	ㄐ基	ㄑ欺	ㄒ希	ㄓ知	ㄔ蚩	ㄕ诗	ㄖ日	ㄗ资	ㄘ雌	ㄙ思	

注：在给汉字注音的时候，为了使拼式简短，zh、ch、sh 可以省作 z、c、s。

表 2-3　韵母表

	i ㄧ 衣	u ㄨ 乌	ü ㄩ 迂
a ㄚ 啊	ia ㄧㄚ 呀	ua ㄨㄚ 蛙	
o ㄛ 喔		uo ㄨㄛ 窝	
e ㄜ 鹅	ie ㄧㄝ 耶		üe ㄩㄝ 约
ai ㄞ 哀		uai ㄨㄞ 歪	
ei ㄟ 欸		uei ㄨㄟ 威	
ao ㄠ 熬	iao ㄧㄠ 腰		
ou ㄡ 欧	iou ㄧㄡ 忧		
an ㄢ 安	ian ㄧㄢ 烟	uan ㄨㄢ 弯	üan ㄩㄢ 冤
en ㄣ 恩	in ㄧㄣ 因	uen ㄨㄣ 温	üan ㄩㄢ 晕
ang ㄤ 昂	iang ㄧㄤ 央	uang ㄨㄤ 汪	
eng ㄥ 亨的韵母	ing ㄧㄥ 英	uang ㄨㄥ 翁	
ong （ㄨㄥ）轰的韵母	iong ㄩㄥ 雍		

（1）“知、蚩、诗、日、资、雌、思”等七个音节的韵母用 i，即：知、蚩、诗、日、资、雌、思等字拼作 zhi，chi，shi，ri，zi，ci，si。

（2）韵母“儿”写成 er，用做韵尾的时候写成 r，例如：“儿童”拼作 ertong，“花儿”拼作 huar。

（3）韵母“ㄝ”单用的时候写成 ê。

（4）i 行的韵母，前面没有声母的时候，写成：yi（衣），ya（呀），ye（耶），yao（腰），you（忧），yan（烟），yin（因），yang（央），ying（英），yong（雍）

u 行的韵母，前面没有声母的时候，写成：wu（乌），wa（蛙），wo（窝），wai（威），wan（弯），wen（温），wang（汪），weng（翁）。

ü 行的韵母，前面没有声母的时候，写成：yu（迂），yue（约），yuan（冤），yun（晕）；ü 上两点省略。

ü行的韵母跟声母 j，q，x 拼的时候，写成：ju（居），qu（区），xu（虚），ü上两点也省略；但是跟声母 n，l 拼写的时候，仍然写成 nü（女），lü（吕）。

（5）iou，uei，uen 前面加声母的时候，写成：iu，ui，un，例如：niu（牛），gui（归），lun（论）。

（6）在给汉字注音的时候，为了使拼式简短，ng 可以省作 ŋ。

四、声调符号

声调符号分为：阴平、阳平、上声、去声。

声调符号标在音节的主要元音上，轻声不标调。例如：

妈 mā	麻 má	马 mǎ	骂 mà	吗 ma
（阳平）	（阳平）	（上声）	（去声）	（轻声）

五、隔音符号

a，o，e 开头的音节连接在其他音节后面的时候，如果音节的界限发生混淆，用隔音符号“’”隔开，例如：pi’ao（皮袄）。

第二节　普通话的声母

一、声母的分类

普通话共有 21 个辅音声母。声母的发音是由发音部位和发音方法决定的，因此，可以根据声母的发音部位和发音方法给声母分类。

1. 按发音部位分类

按发音部位，声母可以分为七类：双唇音，如 b、p、m；唇齿音，如 f；舌尖前音，如 z、c、s；舌尖中音，如 d、t、n、l；舌尖后音，如 zh、ch、sh、r；舌面音，如 j、q、x；舌根音，如 g、k、h。

2. 按发音方法分类

按发音方法分类，可以从以下三个方面着手：

（1）根据形成阻碍和排除阻碍的方式，可以把声母分为塞音、擦音、塞擦音、鼻音、边音五类。

①塞音。发音时发音部位先形成闭塞，然后形成对气流的阻塞，最后让气流冲破阻碍，爆发成声，如 b、p、d、t、g、k。

②擦音。发音时，两个发音部位靠近，形成缝隙；然后让气流从窄缝中挤出，摩擦成声，如 f、s、sh、r、x、h。

③塞擦音。即先塞后擦的音。发音时，发音器官的相关部位先是闭合，阻塞气流，然后打开一条窄缝，气流从窄缝中挤出，摩擦成声，如 z、c、zh、ch、j、q。

④鼻音。发音时，口腔中阻碍气流的部位完全闭塞，软腭下降，打开鼻腔通道，气流振动声带，从鼻腔通过，如 m、n。

⑤边音。发音时，舌尖与上齿龈接触，舌头的两边留有空隙，气流从舌头两边通过，如 l。

（2）根据发音时气流的强弱，可以把声母中的塞音、塞擦音分为送气音和不送气音两类。

①送气音。发音时，口腔呼出的气流比较强，如 p、t、k、c、ch、q。

②不送气音。发音时，口腔呼出的气流比较弱，如 b、d、g、z、zh、j。

（3）根据发音时声带是否颤动，可以把声母分成清音和浊音两类。

①清音。发音时，声带不颤动，如 b、p、f、d、t、g、k、h、j、q、x、zh、ch、sh、z、c、s。

②浊音。发音时，声带颤动，如 m、n、l、r。

二、声母的发音

根据上述分类，可以把普通话的 21 个辅音声母的发音特点综合成普通话声母发音表，如表 2-4 所示。

表 2-4　普通话辅音声母发音表

发音方法 / 发音部位	清塞音		清塞擦音		清擦音	浊擦音	浊鼻音	浊边音
	不送气	送气	不送气	送气				
双唇音	b	p					m	
唇齿音					f			
舌尖前音			z	c	s			
舌尖中音	d	t					n	l
舌尖后音			zh	ch	sh	r		
舌面音			j	q	x			
舌根音	g	k			h		(ng)	

下面对普通话的 21 个辅音声母的发音逐一加以说明。

1. b、p 的发音

发 b 时，双唇闭合，软腭上升，堵塞鼻腔通道，然后，气流冲破双唇的阻碍，声带不颤动，气流较弱。发 p 时，除气流较强外，其他发音特点都与 b 同，例如下列词语的声母：

b　摆布　奔波　标兵　辨别　壁报　北边

p　枇杷　　批评　　乒乓　　澎湃　　偏颇　　匹配

2. m 的发音

发音时，双唇闭合，软腭下降，打开鼻腔通道，声带颤动，气流从鼻腔通过，例如下列词语的声母：

m　冒昧　　门面　　明媚　　命名　　买卖　　盲目

3. f 的发音

发音时，下唇接触或接近上齿，软腭上或堵塞鼻腔通道，然后，气流从下唇和上齿之间的缝隙中通过，摩擦成声，声带不颤动，例如下列词语的声母：

f　肺腑　　非凡　　芬芳　　丰富　　方法　　发福

4. z、c 的发音

发 z 时，舌尖与上齿背形成闭塞，软腭上升，堵塞鼻腔通道，紧接着松开舌尖阻碍的一道窄缝，然后，气流从舌尖和上齿背之间的缝隙中挤出，摩擦成声，声带不颤动，气流较弱。发 c 时，除气流较强外，其他发音特点都与 z 同，例如下列词语的声母：

z　宗族　　罪责　　自尊　　栽赃　　走卒　　枣子

c　层次　　苍翠　　从此　　参差　　粗糙　　猜测

5. s 的发音

发音时，舌尖接近上齿背，形成一道缝隙，软腭上升，堵塞鼻腔通道，然后，气流从舌尖和上齿背之间的缝隙中挤出，摩擦成声，声带不颤动，例如下列词语的声母：

s　松散　　诉讼　　琐碎　　洒扫　　思索　　色素

6. d、t 的发音

发 d 时，舌尖抵住上齿龈，软腭上升，堵塞鼻腔通道，然后，气流冲破舌尖的阻碍，声带不颤动，气流较弱。发 t 时，除气流较强外其他发音特点都与此 d 同，例如下列词语的声母：

d　道德　　大胆　　等待　　奠定　　打断　　跌倒

t　探讨　　淘汰　　天堂　　疼痛　　铁蹄　　妥贴

7. n 的发音

发音时，舌尖抵住上齿龈，软腭下降，打开鼻腔通道，声带颤动，气流从鼻腔通过，例如下列词语的声母：

n　男女　　农奴　　恼怒　　能耐　　奶牛　　泥泞

8. l 的发音

发音时，舌尖抵住上齿龈，软腭上升，堵塞鼻腔通道，然后，声带颤动，气流从舌尖两边通过，例如下列词语的声母：

l　劳累　　嘹亮　　拉拢　　冷落　　轮流　　领略

9. zh、ch 的发音

发 zh 时，舌尖上翘，接触硬腭前部，软腭上升，堵塞鼻腔通道，紧接着松开舌尖阻碍的一道窄缝，然后，气流从舌和硬腭前部之间的缝隙中挤出，摩擦成声，声带不颤动，气流较弱。发 ch 时，除气流较强外，其他发音特点都与 zh 同，例如下列词语的声母：

zh　指针　　政治　　助长　　战争　　茁壮　　郑重
ch　长城　　超产　　车床　　踌躇　　穿插　　驰骋

10. sh、r 的发音

发 sh 时，舌尖上翘，接近硬腭前部，形成一道窄缝，软腭上升，堵塞鼻腔通道，然后，气流从舌尖和硬腭前部之间的缝隙中挤出，摩擦成声，声带不颤动。发 r 时除声带颤动外，其他发音特点都与 sh 同，例如下列词语的声母：

sh　沙石　　闪烁　　舒适　　神圣　　赏识　　生疏
r　仍然　　荣辱　　忍让　　如若　　柔软　　荏苒

11. j、q 的发音

发 j 时，舌面前部接触硬腭前部，软腭上升，堵塞鼻腔通道，紧接着松开舌面前部阻碍的一道窄缝，然后，气流从舌面前部和硬腭前部之间的缝隙中挤出，摩擦成声，声带不颤动，气流较弱。发 q 时，除气流较强外，其他发音特点都与 j 同，例如下列词语的声母：

j　坚决　　经济　　家具　　军舰　　捷径　　阶级
q　亲切　　全球　　欠缺　　群起　　情趣　　恰巧

12. x 的发音

发音时，舌面前部接近硬腭前部，形成一道窄缝，软腭上升，堵塞鼻腔通道，然后，气流从舌面前部和硬腭前部之间的缝隙中挤出，摩擦成声，声带不颤动，例如下列词语的声母：

x　虚心　　小学　　现象　　新鲜　　宣泄　　星宿

13. g、k 的发音

发 g 时，舌根（舌面后部）隆起，抵住软腭，软腭上升，堵塞鼻腔通道，然后，气流冲破舌根的阻碍，声带不颤动，气流较弱。发 k 时，除气流较强外，其他发音特点都与 g 同，例如下列词语的声母：

g　改革　　高贵　　拐棍　　灌溉　　巩固　　骨干
k　可靠　　宽阔　　夸口　　慷慨　　坎坷　　刻苦

14. h 的发音

发音时，舌根接近软腭，形成一道窄缝，软腭上升，堵塞鼻腔通道，然后，气流从舌根和软腭之间的缝隙中挤出，摩擦成声，声音不颤动，例如下列词语的声母：

h　好汉　　航海　　呼唤　　挥霍　　缓和　　花卉

除了以上21个辅音声母之外，普通话里还有一些音节没有辅音声母，如“萦”(ing)，“昂”(ang)等，这类音节的声母，语音学上称为零声母。

三、声母辨正

湖北各地方言的声母跟普通话的声母不尽相同，湖北人学习普通话，就需要特别注意方言中与普通话相异的声母，以便纠正发音中与普通话不一致的地方。

1. 分辨 z、c、s 和 zh、ch、sh

在普通话语音里，舌尖前音z、c、s和舌尖音zh、ch、sh是两组发音截然不同的声母。可是在许多方言里却只有z、c、s，没有zh、ch、sh，如江汉平原各地。少数方言只有zh、ch、sh，没有z、c、s，因而把“粗”(cu)说成“初”(chu)，如湖北钟祥旧口话、湖北京山杨峰话。有的方言区虽然两组声母都有，但是各自管辖的具体字跟普通话也不完全一致。因此，湖北人学习普通话，分辨z、c、s和zh、ch、sh很重要。

分辨这两组声母的办法是：

(1) 把握发音要领。这两组声母发音的主要差异是：z组声母是舌尖平伸接触或接近上齿背，zh组声母是舌尖上翘，接触或接近硬腭前部。

(2) 熟记常用字。记住了常用字，就可以有针对性地矫正一个个词语的发音。

(3) 根据声旁进行类推。

(4) 借助声韵调配合规律来分辨。

(5) 记住一批翘舌声母字。

2. 分辨 n 和 l

在汉语方言中，n、l混读的现象相当普遍。湖北境内多数地域n、l不分。解决办法是：

(1) 依靠偏旁类推，例如：

ning　宁、咛、拧(～螺丝)、宁(～可)、泞

ling　拎、伶、零、龄、羚、玲、翎、凌、陵、绫、菱、灵、棂、领、岭、令、另

(2) 记单边，例如：

nü　女

lü　驴、榈、吕、侣、铝、旅、膂、缕、褛、履、虑、滤、律、率(效～)

如ü、u、ei、ou、uan、iang、in等韵，n声母字都只有一两个，而相应的l声母字却比较多。

3. 分清 f 和 h

我省有些地方话f、h相混，区分f和h的方法，主要是记住拼合规律，在普通话中f只与合口呼u相拼，与合口呼其他的韵母都不相拼。f也不与ai相拼　。此　外　，f与

o 相拼，只有一个“佛”字。

4. 把尖音改为团音

声母 z、c、s 跟 i、ü 或以 i、ü 开头的韵母相拼，叫尖音；声母 j、p、x 跟 i、ü 或以 i、ü 开头的韵母相拼，叫团音。

普通话声母 z、c、s 跟 g、k、h 都不能与 i、ü 或以 i、ü 起头的韵母相拼，所以普通话没有尖音。普通话 i、ü 或以 i、ü 起头的韵母在塞擦音、擦音中只有 j、p、x 相拼，所以普通话只有团音。汉语方言中，大部地区和普通话一样没有尖音只有团音的区别。但湖北通山、阳新、咸宁、大冶等地方有尖音和团音的区别，例如：

阳新话　节≠结　雪≠歇　洗≠喜

咸宁话　挤≠已　妻≠欺　西≠希

大冶话　将≠姜　秋≠丘　修≠休

凡分尖音、团音的地方应将尖音改读为团音，从拼音规律上要记住：现代汉语普通话中 z、c、s 等声母不能与 i、ü 之类韵母相拼。

5. 分清舌根音和舌面音

汉语方言中较常见的现象是在普通话一些念 j、q、x 声母的字，在方言中念 g、k、h，例如：

街	解	介	敲	卡	鞋	杏	苋
gāi	gǎi	gài	kāo	kǎ	hǎi	hèn	hàn

这一部分字应该将声母 g、k、h 分别改为 j、q、x，但在个别方言中有相反的情况，如崇阳话中，勾＝焦，口＝巧，这就需要将舌面音改成舌根音了。

6. 读准普通话零声母的字

普通话一部分读零声母的字，在有些方言中却分别加上了 m、n 之类的声母，例如：

天门话　闻＝门 men　亡＝忙 mang

这类地区的同学应将方言中的这类声母去掉，念成零声母字。

7. 分清送气音和不送气音，清音和浊音

普通话塞音和塞擦音只有送气音和不送气音的区分，没有清音和浊音的区别。但在湖北咸宁、通城等地的方言中却出现与普通话不同的现象。这些地方的人要注意将方言中的送气浊音变成不送气清音，或将送气清音变成不送气清音。

四、声母训练

1. 对比训练

平—翘　　　资助—支柱　　　栽花—摘花

	早稻—找到	木材—木柴
	擦嘴—插嘴	乱草—乱吵
	死记—史记	自力—智力
	赞助—站住	暂时—战时
	散光—闪光	一层——成
n—l	奶酪—耐劳	男鞋—蓝鞋
	大怒—大路	浓重—隆重
	女客—旅客	一年——连
	难住—拦住	水牛—水流
	无奈—无赖	南宁—兰陵
	男女—褴褛	小牛—小刘
f—h	理发—理化	发现—花线
	舅父—救护	附注—互助
	防虫—蝗虫	斧背—虎背
	飞机—灰鸡	复员—互援
	公费—工会	仿佛—恍惚
	心烦—心寒	负重—护送

2. 绕口令练习

(1) 红砖堆，青砖堆，砖堆旁边蝴蝶追，蝴蝶绕着砖堆飞，飞来飞去钻砖堆。

(2) 风吹灰飞，灰飞花上花堆灰。风吹花灰灰飞去，灰在风里飞又飞。

(3) 小金到北京看风景，小京到天津买纱巾。看风景，用眼睛，还带一个望远镜；买纱巾，带现金，到了天津把商店进。买纱巾，用现金，看风景，用眼睛，巾、金、京、津、睛、景都能读得清。

五、口语测试

(一) 同声母词语训练

1. 双唇音练习

b：bāo biǎn 褒贬 bēi bāo 背包 bēi bǐ 卑鄙 biàn bié 辨别
bì bào 壁报 bù bīng 步兵 bànbiān 半边 bìng biàn 病变
bì bǎng 臂膀 bǎi bù 摆布

p：piān páng 偏旁　péng pài 澎湃　pī píng 批评　fǔ pái 辅排
pǐ pèi 匹配　píng pàn 评判　pīng pāng 乒乓　pá pō 爬坡
piān pì 偏辟　pī pàn 批判
m：mài miáo 麦苗　mí màn 弥漫　máng mù 盲目　míng mèi 明媚
mù mín 牧民　mìng mài 命脉　miàn mào 面貌　mái mò 埋没
má mù 麻木　mén miàn 门面

2. 唇齿音练习

f：fǎn fù 反复　fāng fǎ 方法　fēn fù 吩咐　fèi fǔ 肺腑
fēng fù 丰富　fēn fāng 芬芳　fēi fán 非凡　fáng fàn 防范
fēng fáng 蜂房　fǎng fú 仿佛

3. 舌尖中音练习

d：dào dá 到达　duàn dìng 断定　diàn dēng 电灯　dān dāng 担当
dào dé 道德　dà dòu 大豆　dà dì 大地　dài dòng 带动
děng dài 等待　dān dú 单独
tàn tǎo 探讨　tuán tǐ 团体　táo tài 淘汰　tī tián 梯田
tuǒ tiē 妥贴　tiào tái 跳台　tān tú 贪图　tūn tǔ 吞吐
tiān táng 天堂　tàn tīng 探听
n：niú nǎi 牛奶　ní nìng 泥泞　nóng nú 农奴　nǎo nù 恼怒
néng nài 能耐　nán nǚ 男女　niǎo nuó 袅娜　nǚ nú 女奴
l：lǐ lùn 理论　liú lì 流利　luó liè 罗列　líng lóng 玲珑
láo lù 劳碌　lián luò 联络　lěi luò 磊落　lā lì 拉力
liáo liàng 嘹亮　lún liú 轮流

4. 舌尖后音练习

zh：zhàn zhǎng 站长　zhèng zhí 正直　zhēn zhū 珍珠
zhī zhù 支柱　zhuàng zhì 壮志　zhǔ zhāng 主张
zhàn zhēng 战争　zhòng zhí 种植　zhèng zhòng 郑重
zhōng zhuǎn 中转
ch：chóng chàng 重唱　chē chuáng 车床　chí chěng 驰骋
chuán chǎng 船厂　cháng chù 长处　chāo chǎn 超产
chāi chú 拆除　chuō chuān 戳穿　chá chāo 查抄
cháng chéng 长城
sh：shū shēng 书生　shēn shǒu 伸手　shāo shāng 烧伤
shū shì 舒适　shì shí 事实
shǎng shí 赏识　shǐ shī 史诗　shān shuǐ 山水
shén shèng 神圣　shēng shì 声势
r：róng rěn 容忍　réng rán 仍然　ruǎn ruò 软弱
rěn ràng 忍让　róu rèn 柔韧　rǎo rǎng 扰攘

	róng rǔ	荣辱	rě rén	惹人	rú ruò	如若		

5. 舌根前音练习

z：	zì zūn	自尊	zǒng zé	总则	zì zài	自在	zōng zú	宗族
	zāo zuì	遭罪	zào zuò	造作	zāi zāng	栽脏	zàng zú	藏族
	zì zuò	自作	zuì zé	罪责				
c：	cū cāo	粗糙	cuī cán	摧残	cēn cī	参差	cāi cè	猜测
	cuī cù	催促	cāng cù	仓促	cǎo cóng	草丛	céng cì	层次
	cóng cǐ	从此	cāng cuì	苍翠				
s：	sǎ sǎo	洒扫	sì sàn	四散	sù sòng	诉讼	suǒ suì	琐碎
	sè suō	瑟缩	sōu suǒ	搜索	sōng sǎn	松散	sè sù	色素
	sī suǒ	思索	sī suì	撕碎				

6. 舌面音练习

j：	jī jí	积极	jiān jué	坚决	jiāo jì	交际	jiāng jūn	将军
	jié jīng	结晶	jiā jié	佳节	jīng jì	经济	jiè jiàn	借鉴
	jī jīn	基金	jí jiàn	急件				
q：	qià qiǎo	恰巧	què qiè	确切	qiàn quē	欠缺	qíng qù	情趣
	qīn qiè	亲切	qǐng qiú	请求	qì quán	弃权	qí qū	崎驱
	qí quán	齐全	qǐ qiú	乞求				
x：	xiāng xìn	相信	xiǎo xīn	小心	xià xún	下旬	xiāo xī	消息
	xū xīn	虚心	xué xí	学习	xíng xīng	行星	xǐ xùn	喜讯
	xiáng xì	详细	xīn xiān	新鲜				

7. 舌根音练习

g：	gǎi gé	改革	gǒng gù	巩固	guàn gài	灌溉	guì guān	桂冠
	guó gē	国歌	gǔ guài	古怪	gāo guì	高贵	guān guāng	观光
	gǔ gàn	骨干	gān gà	尴尬				
k：	kāi kěn	开垦	kāng kǎi	慷慨	kè kǔ	刻苦	kuān kuò	宽阔
	kě kào	可靠	kōng kuàng	空旷	kē kè	苛刻	kāi kè	开课
h：	hé huā	荷花	háng hǎi	航海	hún hòu	浑厚	huī huáng	辉煌
	huà hé	化合	huān hū	欢呼	huǐ hèn	悔恨	huáng hūn	黄昏
	hán hùn	含混	héng huò	横祸				

（二）对比训练

1. 平舌音和翘舌音对比

（1）字的对比练习。

训练要求：对比平、翘舌声母，再分别组词作说话学习。

孜知　　仔纸　　字挚

醉赘　增蒸　赠正
尊谆　赞占　澡找
才豺　材舂　付蠢
参搀　惨铲　曹潮
崔吹　窜串　四市
素树　桑伤　嗓响
隧睡　散闪　撒傻

(2) 词的对比练习。

训练要求：对比平、翘舌声母，再分别用每个词说句话。

资助　支柱　栽花　摘花
早稻　找到　木材　木柴
擦嘴　插嘴　乱草　乱吵
死记　史记　自力　智力
赞助　站住　暂时　战时
大字　大志　一层　一成
三哥　山歌　塞子　筛子
散光　闪光　丧生　上升

(3) 平翘舌音的组词练习。

训练要求：辨音记词，再用每个词说句话。

z—zh

在职　杂质　载重　增长
总账　奏章　阻止　诅咒
组织　罪证　尊重　佐证
遵照　坐镇　栽植　作者

zh—z

渣滓　张嘴　种族　长子
沼泽　振作　争嘴　正字
知足　职责　指责　治罪
著作　铸造　壮族　准则

c—ch

财产　操场　裁处　采茶
彩绸　餐车　残春　残喘
磁场　辞呈　粗茶　催产
错处　存查　促成　存车

ch—c

车次　唱词　蠢才　纯粹
差错　场次　陈词　成材
出操　除草　楚辞　储存
储藏　揣测　穿刺　春蚕

s—sh

散失	桑葚	丧失	扫射
私塾	死水	四声	四射
素食	肃杀	算式	算术
随身	岁首	损伤	琐事

sh—s

上诉	哨所	山色	深思
深邃	申诉	神思	神速
声速	生涩	守岁	疏松

（4）声旁类推练习。

训练要求：选取声旁为平舌音或翘舌音声母的字，做成类推记字卡片，在课外随时可进行多种方式的记忆练习。这个练习可结合各地具体情况，由读者自己来做，例如：

山—舢讪汕疝

少—沙莎纱痧裟鲨（例如：娑 suō ）

市—柿铈

申—伸呻绅砷神审婶胂

生—牲笙甥胜

式—试拭轼弑

师—狮筛

（5）利用普通话声韵拼合规律练习。

训练方法：可参照《普通话声韵配合表》进行练习。

例如：普通话里，sh 不能与 ong 相拼，所以松、嵩、怂、耸、宋、讼、颂、送、诵等字都念平舌音。

（6）绕口令练习。

训练要求：分清平翘舌音，由慢到快复习练习。

①c—ch

紫瓷盘、盛鱼翅。一盘熟鱼翅，一盘生鱼翅，迟小池拿了一把瓷汤匙，要吃清蒸美鱼翅。一口鱼翅刚到嘴，鱼刺刺进齿缝里，疼得小池拍腿挑牙齿。

②s—sh

石狮寺前四十四只石狮子，四十四只石狮子吃了四十四个涩柿子。

史老师，讲时事，常学时事长知识。

2. 鼻音和边音对比训练

（1）字的对比练习。

训练要求：读准声母，再分别组词。

n—l

那辣	讷乐	奈赖
馁磊	内类	孬捞

挠牢 脑老 闹烙
南蓝 难兰 囊狼
你里 逆立 聂裂
鸟了 尿料 妞溜
碾脸 念恋 娘凉
奴炉 努鲁 怒路
挪罗 糯洛 暖卵

(2) 词的对比练习。

训练要求：读准声母，再用每个词说句话。

n—l

脑子 老子 男鞋 蓝天
大怒 大路 浓重 隆重
女客 旅客 一年 一连
难住 拦住 水牛 水流
无奈 无赖 南宁 兰陵
男女 褴褛 小牛 小刘
留念 留恋 泥巴 篱笆
允诺 陨落 闹灾 涝灾
鸟雀 了却 老农 老龙

(3) 鼻边音组词练习。

n—l

奶酪 耐劳 脑力
内陆 奴隶 努力
女郎 能量 年轮
年历 年龄 农林
农历 暖流 鸟类

l—n

冷暖 留念 流年 老年
老衲 姆娘 老牛 老农
来年 烂泥 凌虐 利尿

(4) 声旁类推练习。

训练要求：选取声旁为鼻音或边音声母的字，做成类推记音卡片，随时进行练习，例如：

那—娜哪
乃—艿氖奶
内—衲呐肭纳
南—楠喃蝻腩
尧—浇挠晓饶
囊—囔馕攮馕

(5) 记单边练习。

训练要求：方言里的某一类音，在普通话里分为两类，往往一类字数少，一类字数多。记住少的那一类，其余的就属为一类，可以大胆推知它们的声母。

例如：普通话里，声母 n 与韵母 ü、ei、in 相拼的字极少，而 l 与它们相拼的字较多，记住字少的一部分，其余的字就可以放心地读边音声母了。

nü 女—lü 驴旅缕褛吕铝履率虑滤律

nei 馁内—lei 雷累垒儡磊泪类勒肋擂

nin 您—lin 林淋琳临邻凛吝

(6) 绕口令练习。

训练要求：分清鼻、边音，由慢到快反复练习。

①念一念，练一练，n、l 的发音要分辨。l 是边音软腭升，n 是鼻音舌靠前。你来练，我来念，不怕累，不怕难。齐努力，攻难关。

②刘大娘地里种南瓜。
牛大梁园里种兰花，
刘大娘的南瓜长在柳树上，
牛大梁的兰花开在篱笆下。

3. f—h 对比训练

(1) 字的对比练习。

训练要求：体会不同的发音部位，进行对比，组词练习。

f—h

发花	附互	方荒	伐滑
费会	幅狐	肥回	饭换
父户	冯横	粉很	烦寒

(2) 词的对比练习。

f—h

防虫	蝗虫	附注	互助
斧背	虎背	理发	理化
追肥	追回	附会	互惠
飞机	灰鸡	复员	互摇

(3) 声旁类推练习。

训练要求：联系自己的方音实际，选取声旁为 f 或 h 声母的字，做成类推记字卡片，随时进行记忆练习，例如：

非：扉霏菲绯鲱啡

伐：阀垡筏

风：疯枫砜

肥：淝

府：腐俯腑拊

夫：芙扶蚨肤呋

番：蕃藩幡翻

(4) 利用普通话声韵规律练习。

训练要求：本项训练可参照本书中的《普通话声韵配合表》进行类推练习。

普通话里 f 不跟韵母 ai 相拼，因此，方言中念“fai”音的字，都应念成 huai 音，如“怀、踝、槐、淮、徊、坏”等字。此外，f 与 o 相拼，只有一个“佛”字。

(5) 声旁联想辨记训练。

训练方法：利用 b、p、f 都是唇音，g、k、h 都是舌根的规律，通过声旁联想辨记 f 和 h。给一个字加、换其他偏旁后，声母能读成 b、p，那么这个字的声母是 f，声母能读成 g、k，那么这个字的声母是 h。本项训练也可根据辨音难点做成卡片进行辨记训练，例如：

b 播—f 番藩翻

b 逼—f 幅富副

b 扮—f 分芬氛粉汾份纷忿

b 板—f 反返饭贩

p 排—f 非匪诽痱

p 蓬—f 逢蜂锋峰

p 旁—f 方房防纺放舫

又如：

g 该 —h 骇骸氦孩

g 故—h 葫糊怙湖瑚猢胡

g 刽—h 会桧荟烩绘

g 感—h 撼憾

k 盔—h 灰恢

k 魁—h 槐魂

k 空—h 红虹

(6) 绕口令练习。

训练要求：加“＿”的字是 f 声母，加“．”的字是 h 声母，先分辨清楚，再由慢到快练习。

①粉红墙上画凤凰，
凤凰画在粉红墙。
红凤凰，黄凤凰，粉红凤凰，花凤凰

②丰丰和芳芳，上街买混纺。红混纺、粉混纺、黄混纺、灰混纺。红花混纺做裙子，粉花混纺做衣裳，穿上新衣多漂亮，丰丰和芳芳喜洋洋，感谢叔叔和阿姨，多纺红、粉、灰、黄好混纺。

4. 送气音和不送气音对比训练

(1) 训练要求：体会不同的发音方法，进行对比、组词练习。

b—p

鼻皮　　抱炮　　拔爬　　稗派

伴盼　　倍配　　避僻　　捕普

d—t

读途　　夺驼　　袋太　　答他

蛋炭　　稻套　　笛提　　堤踢

g—k

规堀　　柜匮　　剑愧　　公空

怪快　　姑苦　　改开　　固酷

j—q

集齐　　歼灭　　截茄　　近沁

局渠　　净庆　　将枪　　交悄

zh—ch

铡茶　　招超　　张唱　　植迟

轴稠　　撞创　　治炽　　珠出

z—c

遭糙　　扎擦　　字刺　　罪脆

凿曹　　坐错　　在菜　　灾猜

(2) 组词对比练习。

b—p

逼迫　　摆谱　　被迫　　半票

p—b

拍扳　　旁边　　排比　　判别

d—t

顶替　　态度　　糖弹　　特点

t—d

坦荡　　态度　　糖弹　　特点

g—k

功课　　孤苦　　高亢　　工楷

k—g

凯歌　　看管　　考古　　刻骨

j—q

机器　　佳期　　吉庆　　坚强

q—j

千斤　　曲剧　　清剿　　群居

zh—ch

支持　　展翅　　战车　　章程

z—c

字词　　早操　　造次　　杂草

c—z

擦澡　　刺字　　才子　　参赞

(3) 词语对比练习。

训练要求：读准声母，区别词义，造句练习。

b—p

贩兵　派兵　鼻子　皮子

部位　铺位　辫子　骗子

d—t

淡化　碳化　肚子　兔子

毒药　涂药　稻子　套子

g—k

米缸　米糠　怪事　快事

工地　空地　孤树　枯树

j—q

犟人　呛人　净化　庆幸

坚强　牵强　掬水　渠水

zh—ch

直到　迟到　仗着　唱着

侄子　池子　质子　赤子

z—c

座位　错位　在场　菜场

自序　次序　大字　大刺

(4) 绕口令练习。

训练方法：注意送气音和不送气音方法的区别，由慢到快练习。带“_”的是不送气声母字。

①白猫黑鼻子，黑猫白鼻子。黑猫白鼻子，碰破了白猫的黑鼻子。白猫的黑鼻子破了，剥了秕谷皮儿补鼻子；黑猫的白鼻子不破，不必剥秕谷皮儿补鼻子。

②吃葡萄不吐葡萄皮，不吃葡萄倒吐葡萄皮。

5. 纠正尖音字训练

训练要求：读准 j、q、x 与齐齿呼撮口呼韵母相拼的字，不要把它们的声母读作舌尖前音 z、c、s。要注意：舌尖下垂，舌面不能碰上齿背和上齿龈。

训练方法：

(1) 利用普通声韵母拼合规律进行练习。

普通话中 z、c、s 不与齐齿呼 i 撮口呼 ü 韵母相拼，zi、ci、si 后的韵母是舌尖前元音 i。

(2) 利用绕口令纠正尖音字。

小芹手脚灵，轻手擒蜻蜓。小青人精明，天天学钢琴。擒蜻蜓，趁天晴，小芹晴天擒住大蜻蜓。学钢琴，趁年青，小青精益求精练本领。你想学小青，还是学小芹。

第三节 普通话的韵母

一、韵母的分类

普通话39个韵母，可以根据韵母的内部结构特点分类，也可以根据韵母开头元音的发音特点分类。

1. 韵母的结构分类

根据韵母的内部结构特点，可以把韵母分成单韵母、复韵母和鼻韵母三类。

(1) 单韵母。由单元音构成的元音，也叫单元音韵母。单韵母有10个，其中 ɑ、o、e、ê、i、u、ü 这7个是舌面元音韵母，－i [ɿ]（前）、－i [ʅ]（后）是舌尖元音韵母，er [ə] 是卷舌元音韵母。7个舌面元音即可以单独作韵母，也可以与其他的元音或 n、ng 构成复韵母、鼻韵母。剩余的3个韵母不是舌面元音，统称特殊元音韵母。

(2) 复韵母。由两个或三个元音复合而成的韵母或叫复元音韵母。

普通话有13个复元音韵母：

ɑi ei ɑo ou iɑ ie iɑo iou uɑ uo uɑi uei üe

(3) 鼻韵母。由一个或几个元音带上作韵尾的鼻辅音结合而成的韵母。带前鼻音韵尾 n 的韵母叫前鼻音韵母，带后鼻音韵尾 ng 的韵母叫后鼻音韵母。

普通话中有8个前鼻音韵母：

ɑn en in ün iɑn uɑn üɑn uen

8个前鼻音韵母：

ɑng eng ing ong iong iɑng uɑng ueng

对韵母结构构成，可以又做如下分析，即把韵母构成成分分作韵头、韵腹和韵尾三部分。韵腹是韵母中的主要元音，韵腹前边的元音是韵头，韵腹后的元音（或辅音）是韵尾。

2. 韵母的四呼分类

根据韵母开头元音的发音性质，可以把韵母分成开口呼、齐齿呼、合口呼和撮口呼四类，简称“四呼”。

(1) 开口呼。不是 i、u、ü 的韵母和不以 i、u、ü 起头的韵母属于开口呼。

(2) 齐齿呼。i 和以 i 起头的韵母属于齐齿呼。

(3) 合口呼。u 和以 u 起头的韵母属于合口呼。

(4) 撮口呼。ü 和以 ü 起头的韵母属于撮口呼。

判定“四呼”，不能以韵母开头字母的书写形式为依据，而要以韵母的实际发音为依据。例如：韵母 ong 不归入开口呼，而归入了合口呼，是因为 ong 的实际发音是 [uŋ]；iong 不归入齐齿呼，而归入了撮口呼，是因为它的实际发时是 [yŋ]。再如－i [ɿ] 和－i [ʅ] 归入开口呼，也是以实际发音的口形为依据的。

二、韵母的发音

1. 单韵母的发音

(1) 舌面韵母的发音。舌面元音在发音时舌面起主要作用。舌面元音的发音是由三个条件决定的：舌面的前后、舌位的高低以及圆唇不圆唇。下边对每一个舌面元音的发音进行描写。

①ɑ：舌面、央、低、不圆唇元音。发音时，口腔大开，舌位低，双唇呈自然状态展开，声带颤动，如“打靶”中的“ɑ”。

②o：舌面、后、半高、圆唇元音。发音时，舌位后部隆起，后缩，口半开，舌位半高，嘴唇拢圆，声带颤动，如“薄膜”中的“o”。

③e：舌面、后、半高、不圆唇元音。发音时，舌位前后、高低与 o 基本相同，所不同的是双唇展开，如“折射”中的“e”。

④ê：舌面、前、半低、不圆唇元音。发音时，舌面前部隆起，舌尖抵住下齿背，口腔半开，舌位半低，唇形不圆，声带颤动。ê [ε] 只能给“诶”这一个汉字注音；此外，还能进入“üe”、“ie”这两个复韵母中。

⑤i [i]：舌面、前、高、不圆唇元音。发音时，舌面前部隆起，舌头前伸，抵下齿背，口腔开展很小，嘴唇展开呈扁形，声带颤动，如“地皮”、“稀泥”。

⑥u [u]：舌面、后、高、圆唇元音。发音时舌面后部突起，口腔开度很小，两唇收缩呈圆形，声带颤动，如“互助”、“铺路”。

⑦ü [y]：舌面、前、高、圆唇元音。发音时，舌位前后、高低与 i 基本相同，所不同的是双唇拢圆，如“区域”、“序曲”。

(2) 舌尖韵母的发音。舌尖元音，－i [ɿ] 发音时，舌尖前伸靠近（但不接触）上齿，口腔开度很小，嘴唇向两边展开。－i 只与 z、e、s 相拼。如：“自私”、“刺字”。－i [ʅ]，发音时，舌尖靠近（但不接触）硬腭前部，口腔开度很小，嘴唇向两边展开，声带颤动。－i [ʅ] 只与 zh、ch、sh、r 相拼，如“支持”、“时日”。

舌尖前元音－i [ɿ] 与舌尖后元音－i [ʅ] 分别与舌面元音韵母 i 形成互补关系。因此，《汉语拼音方案》用一个 [i] 表示 3 个韵母。

(3) 卷舌韵母的发音。普通话的卷舌元音韵母 er [ə] 是舌面、央、中、不圆唇元间。er 只能自成音节，给少数几个汉字注音，例如：“儿、而、耳、尔”等。此外，普通话的儿化韵母与 er 有密切关系，如表 2-5 所示。

表 2-5 单元音韵母分类和发音表

类别 / 舌位前后 / 唇形圆展 / 舌位高低	舌面					舌尖		
	前		央	后		前	后	央
	不圆唇	圆唇	不圆唇	不圆唇	圆唇	不圆唇	不圆唇	不圆唇
高（闭）	i	ü			u	-i	-i	
半高（半闭）			e	o				
中								er
半低（半开）	ê							
低（开）			ɑ					

2. 复韵母的发音

复韵母的发音，舌位、唇形都有变化，即由一个元音向另一个元音的发音过渡，形成一个动程，在过渡中，舌位、开口度、唇形等，是逐渐变化的，气流连贯，发音形成一个整体。

复韵母的发音以韵腹为中心，韵腹是一个韵母的主干。根据韵腹在韵母中的位置，可以把复韵母分为前响、后响和中响三类。前响和后响都是二合的，中响是三合的。

（1）前响复元音韵母。发音的共同特点是开头的元音开口度大，收尾的元音开口度小，舌位由低向高滑动，例如：

ɑi 海带 拆台 灾害 赖债

ei 蓓蕾 配备 飞贼 肥美

ɑo 操劳 宝刀 抛锚 骚扰

ou 收购 丑陋 兜售 斗殴

（2）后响复元音韵母。发音的共同特点是开头的元音开口度小，收尾的元音开口度大，舌位由高向低滑动，例如：

iɑ 假牙 压价 夏家 恰恰

ie 贴切 别扭 结业 借鞋

uɑ 挂花 耍滑 娃娃 抓瓜

uo 活捉 硕果 落座 阔绰

üe 决绝 绝学 雀跃 约略

（3）中响复元音韵母。发音的共同特点是舌位从高向低滑动，再由低向高滑动，前后的元音都比较短促模糊，中间的元音响亮清晰，例如：

iɑo 逍遥 巧妙 调料 叫嚣

iou	悠久	绣球	优秀	求救		
uai	外快	摔坏	快甩	怀揣		
uei	追随	摧毁	荟萃			

3. 鼻韵母的发音

鼻韵母发音时，发音器官由元音舌位向鼻辅音的舌位逐渐移动，鼻音成分逐渐增加，最后完全变成鼻音。

（1）前鼻音韵母。韵尾 n 与声母 n 发音基本一致，所不同的是，作韵尾时，n 除阻阶段不发 音，舌尖（或舌尖的舌面部位）抵住上齿龈后，不是很快离开上齿龈，而让这个动作成为整个韵母发音的收尾动作。以下是前鼻音韵母：

an	展览	谈判	参赞	汗衫	反感	烂漫
en	根本	沉闷	人参	愤恨	认真	振奋
in	信心	辛勤	引进	濒临	贫民	亲近
ün	均匀	军训	逡巡	芸芸	醺醺	
ian	惦念	简便	先天	前线	偏见	连绵
uan	贯穿	转暖	婉转	专款	宽缓	软缎
uen	昆仑	温存	论文	春笋	温顺	困顿
üan	全权	源泉	轩辕	圆圈	涓涓	玄远

（2）后鼻音韵母。鼻音韵尾是舌根后缩抵住软腭。普通话辅音 ng 不作声母，只作韵尾。以下是后鼻音韵母：

ang	沧桑	帮忙	上访	螳螂	商场	上当
eng	整风	更生	逞能	丰盛	升腾	承蒙
ing	宁静	评定	倾听	经营	命令	姓名
ong	冲动	红松	总统	从容	通融	轰动
iong	汹涌	穷凶	炯炯	熊熊		
iang	想象	洋相	粮饷	响亮	强将	襄阳
uang	狂妄	状况	双簧	往往	矿床	
ueng	翁	嗡	瓮	蕹	蓊	

三、韵母辨正

1. 区分 o、uo、e

这一组韵母，湖北人学习普通话时应注意辨认。

湖北有些方言 o 和 uo 不分。有 些方言区 o 和 e 不分，有些方言 uo 和 e 不分。如武汉话将普通话的“俄、鹅、禾”（韵母 e）念成了韵母 uo。宜昌话把普通话的“可、哥、河、贺”（韵母 e）等念成韵母 uo。鄂东南的阳新等地把“火、果、货”（韵母 uo）念成韵母 e。襄樊、十堰把“e”读作［ɛ］。

分辨 o、e、uo 这组韵母，可以首先分析韵母的发音要领，以便于从音色上准确把握它们各自的发音。然后从普通话的拼合规律入手加以区分。

2. 防止丢失韵头

普通话的复韵母的鼻韵母的韵头 i 和 u，在有些方言中却往往丢失。仙桃把“钻”说成［tsɑn］，武汉话把“六”说成［nou］，“损”说成［sən］；湖北宜昌话中，还有“袄、咬”同音的现象。因此，湖北人学习普通话特点要注意“i、u”韵头的丢失。

3. 鼻音韵尾的分合

湖北多数地方－n 尾和－ng 尾有区别。但有的地方 ng 混入 n，如长沙市；这种现象在靠近湖南的地方更突出。有的地方如钟祥、京山，把“木”读作 meng。

分辨前鼻音韵尾与后鼻音韵尾，除了要区分－n 与－ng 的发音外，应该记住普通话中哪些字是前鼻音韵尾，哪些字是后鼻音韵尾。记字的办法主要是：熟记常用字；利用声旁类推；记声韵调拼合规律等。

4. 区分撮口呼、合口科、齐齿呼

（1）区分撮口呼与齐齿呼。普通话的撮口呼、齐齿呼两类型韵母，在一些方言中会发生混淆，如松滋、钟祥的一些地方，把“买鱼”说成“买疑”，“聚会”说成“计会”，“拳脚”说成“前脚”。还有的地方少数字出现齐齿呼、撮口呼错位的现象，即把应该念齐齿呼的字念成了撮口呼，把应该念成撮口呼的字念成了齐齿呼。如武汉话把“茄子”说成“瘸子”，“掀起”说成“宣起”，而把“下雪”说成“下写”，“姓薛”说成“姓学”。对于前者，要训练撮口呼的发音，分辨撮口科和齐齿呼的发音动作，对于后者，则主要是注意纠正那些容易出错的少数字。

（2）区分合口科与撮口呼。普通话的撮口呼、合口呼两类韵母，在少数方言区也会混淆，例如：武汉话、天门话都把" 朱、厨、书”念 ju、qu、xu。湖北的黄冈、浠水等地这类问题比较特别。这一带的撮口科韵母往往变成舌尖后圆唇元音［ʮ］，例如：雨［ʮ］、月［ʮɛ］、圆［ʮɛn］、云［ʮn］

四、韵母训练

1. 单韵母练习

a—	大厦	沙发	喇叭	大妈	打杂	砝码	哈达
	哪怕	打发					
o—	伯伯	薄膜	磨破	婆婆			
e—	苛刻	特色	合格	色泽	哥哥	割舍	隔阂
i—	汽笛	利息	奇迹	笔记	意气		
u—	祝福	出程	舒服	无辜	初步		
ü—	须臾	区域	女婿	伛偻	絮语		
i—	自私	此次					
i—	制止	支持	史诗	失事	日食		
er—	然而	偶尔	十二	耳机	儿歌		

2. 复韵母练习

ai—	摆开	晒台	买卖	海带	灾害
ei—	北非	肥美	蓓蕾	配备	黑煤
ao—	报刊	糟糕	牢靠	操劳	高潮
ou—	守侯	走漏	漏斗	收购	抖擞
ia—	恰恰	假牙	加价	压价	
ie—	斜	铁鞋	贴切	结业	姐姐
ua—	耍滑	挂画	花袜	娃娃	画花
uo—	磋砣	过错	罗锅	骆驼	没落
üe—	雪月	约略	雀跃	决绝	
iao—	巧妙	妙药	教条	吊桥	逍遥
uei—	灰堆	鬼祟	摧毁	归队	回味

3. 鼻韵母练习

an—	漫淡	繁难	淡蓝	坦然	橄榄

ian—	变迁	偏见	电线	边绵	沿线
uan—	贯穿	宽缓	专断	转变	婉转
üan—	渊源	全权	圆圈	源泉	轩辕
ang—	钢厂	方糖	螳螂	上当	盲肠
iang—	将相	想象	向阳	湘江	襄阳
uang—	狂妄	网状	状况	双簧	
en—	人参	本分	深圳	愤恨	沉闷
uen—	温顺	温存	昆仑	论文	分寸
in—	亲近	尽心	殷勤	金银	琴音
ün—	均匀	逡巡	芸芸	军训	
eng—	更正	风生	生成	萌生	鹏程
ing—	情景	晶莹	倾听	命令	宁静
ueng—	老翁	渔翁	水瓮	蓊郁	
ong—	公众	轰动	总统	中东	从容
iong—	汹涌	穷凶	熊熊	炯炯	

（1）同声母词语前、后鼻尾韵对比训练。

in

金鱼 jīn yú
红心 hóng xīn
信服 xìn fú
亲近 qīn jìn
人民 rén mín
弹琴 tán qín

ing

鲸鱼 jīng yú
红星 hóng xīng
幸福 xìng fú
清静 qīng jìng
人名 rén míng
谈情 tán qíng

en

审视 shěn shì
申明 shēn míng
陈旧 chén jiù
深思 shēn sī
木盆 mù pén
瓜分 guā fēn
市镇 shì zhèn
清真 qīng zhēn

eng

省市 shěng shì
声明 shēng míng
成就 chéng jiù
生丝 shēng sī
木棚 mù péng
刮风 guā fēng
市政 shì zhèng
清蒸 qīng zhēng

an

安然 ān rán
烂漫 làn màn
赞颂 zàn sòng
弹琴 tán qín

ang

昂然 áng rán
浪漫 làng màn
葬送 zàng sòng
谈情 tán qíng

（2）词语前后鼻尾韵训练。

an—ang

安放 ān fàng
繁忙 fán máng
肝脏 gān zàng
南方 nán fāng
反抗 fǎn kàng
赞赏 zàn shǎng

ang—an

傍晚 bàng wǎn
畅谈 chàng tán
方案 fāng àn
钢板 gāng bǎn
唐山 táng shān
当然 dāng rán

en—eng

本能 běn néng
人称 rén chēng
神圣 shén shèng
门缝 mén fèng
真正 zhēn zhèng
仁政 rén zhèng

eng—en

诚恳 chéng kěn
登门 dēng mén
缝纫 féng rèn
胜任 shèng rèn
承认 chéng rèn
成分 chéng fèn

in—ing

民警 mín jǐng
聘请 pìn qǐng
银杏 yín xìng
心灵 xīn líng
新兴 xīn xīng
引擎 yǐn qíng

ing—in

灵敏 líng mǐn
挺进 tǐng jìn
迎新 yíng xīn
影印 yǐng yìn
领巾 lǐng jīn
倾心 qīng xīn

4. 韵头分辨训练

（1）韵头 i 与 u 的分辨训练（注意加点音节的韵母与韵头）。

—ia

家常 jiā cháng　夹角 jiá jiǎo　瞎眼 xiā yǎn
卡壳 qiǎ ké　架车 jià chē　吓唬 xià hǔ

—ian

房间 fáng jiān　镶嵌 xiāng qiàn　船舷 chuán xián
苋菜 xiàn cài　水淹 shuǐ yān　河沿 hé yán

—iang

长江 cháng jiāng　讲解 jiǎng jiě

将来 jiāng lái　闾巷 lǘ xiàng　伎俩 jì liǎng

—iao

外交 wài jiāo　阿胶 ē jiāo　午觉 wǔ jiào

地窖 dì jiào　推敲 tuī qiāo　甲壳 jiǎ qiào

—ie

台阶 tái jiē　街道 jiē dào　惬意 qiè yì

皮鞋 pí xié　机械 jī xiè　松懈 sōng xiè

—ui

校对 jiào duì　推脱 tuī tuō　后退 hòu tuì

追随 zhuī suí　虽然 suī rán　受罪 shòu zuì

—uan

端庄 duān zhuāng　关税 guān shuì　欢呼 huān hū

团结 tuán jié　钻研 zuān yán　醋酸 cù suān

—uang

装船 zhuāng chuán　闯降 chuǎng jiàng　创建 chuàng jiàn

霜降 shuāng jiàng　门窗 mén chuāng　豪爽 háo shuǎng

【提示 2.1】

用 d、t、n、l 依声母音节引导，衬读前鼻音，促使前鼻韵母归韵准确；用 g 作声母的音节引导，衬读后鼻音，促使后鼻韵母归韵准确。

(2) 韵头 ü 与 i 的分辨训练（注意加点的音节）。

全面 quán miàn　前面 qián miàn

拒绝 jù jué　季节 jì jié

通讯 tōng xùn　通信 tōng xìn

援用 yuán yòng　沿用 yán yòng

权力 quán lì　潜力 qián lì

五、形声字的训练

1. 声旁类推训练

训练方法：选取前后鼻韵母作声旁的字制成类推记字卡片，随身携带，随时正音。

【提示 2.2】

ng　声旁类推

平——评苹坪枰萍

令——伶苓玲铃聆岭　零龄岭冷领

廷——庭蜓霆挺铤艇

巠——泾茎经颈劲刭
冥——瞑暝螟溟
青——菁晴精靖静清晴情氰清
婴——樱嘤樱缨鹦

2. 记单边训练

(1) 普通话里，声母“g”与前鼻韵母“en”相拼的字常用的只有“根、跟、亘(哏、艮、茛不常用)”三个字。其余的如：庚、赓、羹、耕、耿、埂、硬、颈等字都是“eng”韵。

(2) 普通话里，声母“z”与前鼻韵母“en”相拼的，只有一个“怎”字(“谮”不常用)，其余的如：曾、憎、增、甑、赠等字都是“eng”韵。

(3) 普通话里，声母“c”与前鼻韵母“en”相拼的字，只有“参”(参差)字(岑、涔不常用)，其余的如：曾、层、蹭等字都是“eng”韵。

(4) 普通话里，声母“r”与后鼻韵母“eng”相拼的字只有“扔”和“仍”两个字。其余的如：人、仁、任、忍、认、刃、韧、纫等字都是“en”韵。

(5) 普通话里，声母“n”与前鼻韵母“in”相拼的字，常用的只有一个“您”字。其余的如：宁、柠、拧、咛、狞、凝、泞等字都是“ing”韵。

六、绕口令与辨音诗的训练

1. 绕口令训练

训练方法：分清前鼻韵母和后鼻韵母，由慢到快练读。

(1) 城隍庙里有两个判官，一个判官姓潘，一个判官姓关，潘判官不管关判官，关判官不管潘判官。

(2) 陈是陈，程是程，姓陈不能说成姓程，姓程不能说成姓陈，禾旁是程，耳朵是陈，陈程不分就会认错人。

(3) 人寻铃声去找铃，铃声紧跟人不停，到底是人寻铃，还是铃寻人。

(4) 扁担长，板凳宽，扁担没有板凳宽，板凳没有扁担长，扁担绑在板凳上，板凳不让扁担绑在板凳上，扁担偏要绑在板凳上。

(5) 高高山上一根藤，青青藤条挂金铃。风吹藤动金铃响，风停藤静铃不鸣。

2. 利用韵母辨音诗训练

(1)“en”韵诗。

怎肯轻言愤世，说甚看破红尘，无病呻吟其何益，空负好时辰，问人生真谛何在？奋进是根本［“en”韵母代表声旁（字），计12个］。

(2)“eng”韵诗。

澎湖岛上登峰，山道赠峻，怪石狰狞，望长空，烹煮黄昏霞如火，水汽蒸腾雾为蒙。

转眼众星捧月，长庚独明，更有乘风大鹏，万里征程，猛志天生成，却不是身在蓬莱，神入梦中［“eng”韵母代表声旁（字），计22个］。

（3）“in”韵诗。

近河滨，景色新，绿草茵茵水粼粼，禽鸟唱林阴。

政策好，顺民心，人人尽力共驱贫，辛勤换来遍地金，天灾难相侵。诗心禁不住，一曲今昔吟［“in”韵母代表声旁（字），计22个］。

（4）“ing”韵诗。

志士镇守在边庭。统猛丁，将精英，依形恃险筑长屏，亭燧座座警号鸣，惨淡经营。

屏侵凌，震顽冥，敌胆破望影心惊，其锋谁樱？八方平定四境宁，赢得史册彪炳，千古留名［“ing”韵母代表声旁（字），计22个］。

第四节　普通话的声调

一、声调的性质

声调是一个音节高低升降变化的标志。例如：“yī，yí，yǐ，yì”四个音节的差异，就在于高低升降的变化不同。

声调的变化主要决定于音高，与音长也有关系。从声调形成的物理特征看，声调的音高变化，与声带的松紧及单位时间内声带振动的频率有关，声带拉紧，振动快，声音就高，反之则低。而声调的音高又是相对的。例如：说普通话的人，每个人都有自己的“55，35”等调值，但一个儿童声音的绝对音高大于高于一个成年人。

声调的主要作用是区别意义。例如：“衣、姨、椅、义”的意义不同，就是声调的不同造成的。又如：“抢手≠枪手”，“流向≠六箱”，这两组词语声母、韵母相同，语义有别，也是声调的区别作用所致。

汉语是有声调的语言，声调反映着普通话或任何一种汉语方言语音的基本特征。因此，声调能区别意义的音高变化，它在汉语语音系统中具有特殊的重要地位。

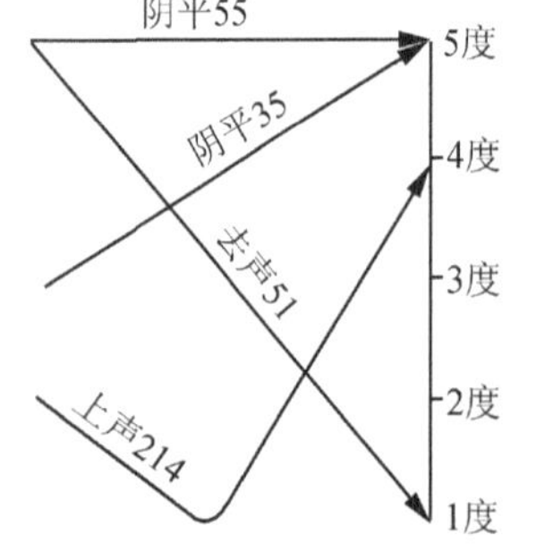

图2-2　标记的是北京话四个声调的调值

二、调值和调类

调值是声调的实际读法，是一个音节高低升降变化的具体形式。

记录声调的调值，通常采用“五度标调法”，即画一条竖线，将它由低而高分作五度，然后用线条标出声调的具体如图2-2所示。

北京话的四个声调调值分别为“55，35，214，51”。调类是声调的分类，它是将一种语言中调值相同的字归纳在一起形成的类别，因此一种语言（或方言）有多少个调值，也就有多少种调类。

普通话有四种基本调值，因而有四个调类，即阴平、阳平、上声、去声，教学上也称为第一声、第二声、第三声、第四声。《汉语拼音方案》规定这四种声调符号为-（阴平)、ˊ(阳平)、ˇ(上声)、ˋ(去声)。

普通话的四个基本声调，可以用表 2-6 表示。

表 2-6　普通话的四个基本声调表

调类	阴平	阳平	上声	去声
调值	高平调 55	高升调 35	降升调 214	全降调 51
调号	ˉ	ˊ	ˇ	ˋ
例字	chūn tiān 春　天 huā kāi 花　开	rén mín 人　民 tuán jié 团　结	yǒng yuǎn 永　远 yǒu hǎo 友　好	shèng lì 胜　利 jiàn shè 建　设

学习普通话要充分认识声调的重要作用，反复练读如“诗、时、式”，“八、拔、靶、爸”这样的同声同韵四声字，做到发音到位，练到能熟练读出任何一个字的普通话的四个调值。

三、声调辨正

普通话和湖北方言的主要区别在于声调的不同。学习普通话必须突破声调关。

湖北人学习普通话声调应当注意以下三个方面的问题。

1. 读准调值

读准普通话四声的调值，是声调辨正的第一步。可以分以下几个步骤进行：

(1)“务虚”。即在教师指导下，先训练“定位”调值“55、33、11”，做到有效地控制声带，把握音高，准确到位。再练习“13、35”，“31～21”，“21～24”，这些根据定位调值推演出来的调值。

(2) 记熟代表普通话声调的两组字，要反复练读。

山 shān　　明 míng　　水 shuǐ　　秀 xiù

桌 zhuō　　识 shí　　笔 bǐ　　客 kè

这八个字中，前四个字“山明水秀”的古调类和普通话调类一致，可作普通话四声的代表字，而“桌识笔客”则归入普通话“阴、阳、上、去”的古入声字。读准、记熟这八个字，听读普通话就有了客观标准，对“依类辨值”也会有一下帮助。

2. 辨明调类，依类辨值

读准了普通话四个声调调值，还会遇到“哪些字该归什么调类”的问题。例如：“山明”在古调类中为“平”声，在普通话“山”归阴平调，“明”归阳平调，古今调类一致；而绝大部分汉语方言中，“山、明”的归类与普通话一致，这样，依照“声调对应规律”，只要大胆地把方言的“山、明”改读成普通话的“55，35”调值就行了。在大部分汉语方言中，上声字也可以根据“古今调类的对应规律”依类辨值，将方言声调改读作普通话声调，但应注意部分全浊上声字归入去声的问题。鄂南方言去声分作“阴去和阳去”，但

"阴去、阳去"在普通话中都读去声，仍可直接"依类辨值"。

根据声调对应规律辨正声调，在各方言区都适用，但是，能解决的主要是"古今"基本一致的"阴、阳、上、去"四个调类的字，而且就是这些字，也不能解决全部问题，因为语言的学习还是要抓"听读计练"，在语言实践中去学习声调。

3. 入声字的改读

古代汉语中归入入声调类的字，今天还称作"入声字"，例如："桌、识、笔、客、黑、白、雪、月"。古入声在湖北的"西南官话"中一般归入阳平，而在鄂东、鄂南则保留入声调类。这样，由于入声字在普通话和在汉语方言中的"分派"差异很大，湖北人学习普通话都有辨明入声字，改派入声字，读准入声字普通话声调的问题。

入声字的改派、改读有一定规律可循。例如："声母是 m、n、l、r"或零声母的入声字，普通话中一般读去声，但常用的入声字就有七百个左右，"依类辨值"是无法解决全部问题的，而且，入声字由古到今，在演变过程中，不仅有调类的分派问题，其声母、韵母也发生了很大变化。所以入声字的改读，要根本解决问题，靠"依类辨值"是不行的。解决的办法主要是：

(1) 直接读、记《入声字普通话读音表》。

(2) 要记住一批最常用的入声字，读准其普通话读音，再逐步扩大认读范围。

(3) 坚持讲用普通话，在"读、听、练、讲"四个方面下功夫。

如果努力做到以上几点，是能够突破入声字关的。

4. "试读法"辨正普通话声调

在有一定的普通话基础，且能准确"听、读"普通话四声的前提下，也可以采用试读法，辨正普通话声调。试读法的操作过程是：

(1) 假设不知道"师"的普通话声调调值。

(2) 选择一个能与"师"习惯上搭配的、书籍普通话声调调值的字，例如："老"(lǎo)。

(3) 用"老"与"师"的四个声调去搭配，试读。例如：

老(lǎo) ①师 shī
②师 shí
③师 shǐ
④师 shì

(4) 凭讲用普通话的语感，只有"①"项调值比较"顺耳"，即可得知"师"应读 shī。试读法的局限性在于，如果未知声调的字是入声字，或是多音字，试读就会发生偏差。

5. 学好普通话腔调

学习普通话，读准普通话的声调值很重要，但在语流中，单字的声调只是个"音符"，它就像音乐中的"都、来、米、发"。学习普通话语音，最重要的是学好普通话腔调。有的人，普通话四声单调读得好像还比较准，但连续时却与普通话有明显距离，这主要是“腔调”的问题（当然也有语调问题和其他方面的问题）。

普通话腔调是以普通话四个声调连续形式为核心，包括变调、轻声等在内的整体性语言特征，是普通话声调系统基本因素的有机组合。

普通话的单个字调固然重要，但它不能反映普通话语音的基本面貌。当一个人说一句话，或读出某一语言片段时，声调连读形式出现，则反映了普通话语音的本质特征(方言亦然)。例如：一个讲普通话的人和几个讲方言的人（黄冈、咸宁、荆州、襄樊、恩施）在一起交谈，让一位有一定语音知识的人来判断这几个人，谁讲的是普通话，谁讲的是何种方言，是无须考察声母、韵母、词汇、语法的，仅凭腔调，就可迅速而准确地作出判断。普通话与北京话的根本差异同样表现在腔调的差异上。

实践证明，声调连续，形成腔调的过程中调值会有所变化，不少变化是说话人能感受到，但目前还不能准确地描述出来 。但是，读准单字调不等于掌握了普通话腔调，则是个不容置疑的事实。例如：在普通话测试中，有的人读单音节字词，声调还可以，认读双音节词时，声调也差不多，但朗读短文时，腔调就变了样，说话时问题更明显，这正是学习普通话不能满足于读准单字声调，更要努力把握声调连读形式——普通话腔调的最好说明。

学习普通话腔调，首先要真正读准普通话的四个声调，那种认为学声调就是随意读一下“山明水秀、大好河山”的认识是不全面的。实际上，一些朗读、说话中腔调不准的问题，就隐含在单字声调之中，只是读单字调时，问题暴露得不充分罢了。

其次，学习普通话腔调，要努力培养普通话语感，仔细揣摩普通话腔调，多听、多读、多练。普通话腔调水平上去了，普通话的等级水平也一定会得到提高。

四、声调训练

1. 入声字改读训练

(1) 对比练习。

知—汁	低—滴	沙—杀
查—察	扶—福	斜—胁
比—笔	古—谷	锁　索
义—亿	寓—育	务—物

【提示 2.3】

每组字声调相同。加“.”的是古入声字，练读时应先把入声字按普通话归调类，然后改读普通话调值。

(2) 绕口令练习。

①葛立在屋外扫积雪，白雪在屋里做作业。白雪见葛立在屋外扫积雪，急忙放下手里的作业，去到屋外帮助葛立扫积雪，白雪扫完了积雪，立即进屋再做作业。

②岳伯伯特有德，读书千百册，摘要写心得，博学阅历多，跟谁也谐和。岳伯伯不在家中坐，要上街去买笔和墨，遇见好友祝玉国，玉国拉着伯伯进宅把水喝，二人谈得

很随合，话就格外多。岳伯伯和祝玉国一谈谈到鸡上窝，伯伯也没买成笔和墨。

（3）诗词练习。

大江东去，浪淘尽，千古风流人物。故垒西边，人道是，三国周郎赤壁。乱石穿空，惊涛拍岸，卷起千堆雪。江山如画，一时多少豪杰！

遥想公瑾当年，小乔初嫁了，雄姿英发，羽扇纶巾，谈笑间，强虏灰飞烟灭。故国神游，多情应笑我，早生华发。人生如梦，一樽还酹江月。（苏轼《念奴娇·赤壁怀古》）

2. 判断练习

（1）给下列音节标上声调，使每组分别组成声母韵母相同、声调不同、意义不同的词语，再造句练习。

bao wei—bao wei	gu li—gu li
xiu li—xin li	zhi shi—zhi shi
jin qu—jin qu	shu jia—shu jia
ge xing—ge xing	chang fang—chang fang
huo che—huo che	da yi—da yi

（2）辨析下列词语的声调，再用每个词语说句话。

题材—体裁	乘法—惩罚
天才—甜菜	无疑—武艺
时节—使节	邻里—淋漓
司机—四季	医务—遗物
艰巨—检举	主力—助理
实施—逝世	化学—滑雪

（3）按调号写出声调相应的汉字，构成双音节词语，再用每个词语说句话。

① “ˉ ˉ”、“ˊ ˊ”、“ˇ ˇ”、“ˋ ˋ”

② “ˉ ˊ”、“ˊ ˇ”、“ˇ ˋ”、“ˋ ˉ”

五、综合练习

1. 绕口令练习

语言大师赵元任为了说明汉字声调区别意义这一特点，利用“shi”这一音节戏写过一篇《施氏食狮史》，独具特色，其文如下：

石室诗士施氏，嗜狮，誓食十狮。氏时时适市视狮。十时，适十狮适市。是时，适施氏适市氏视十狮，恃矢势，使十狮逝世。氏拾是十狮尸，适石室。石室湿，氏使侍拭石室。石室拭，氏始试食十狮尸。食时，始识是十狮尸实十石狮尸。试释是事。

2. 诗词练习

清明时节雨纷纷，路上行人欲断魂。
借问酒家何处有，牧童遥指杏花村。

（杜牧《清明》）

何必为年龄发愁
春天的后面不是秋，
何必为年龄发愁？
只要在秋霜里结好你的果子，
又何必在春天面前害羞？
有时候我也着急，
那是因为工作的不顺利；
有时候我也发愁，
那是我的祖国还很落后。
我曾踏遍人生的领土，
最后才知道，
这是人生唯一正确的道路——
人民的事业与世长久，
谁的生命与它结合，
白发就上不了他的头。
我不再有什么别的希望，
只希望人民不要再受什么苦难。

第五节　拼合规律和拼写规则

一、音节结构

音节结构就是音节的内部构成。分析普通话的音节结构，可以从四个方面入手，一是采用传统音韵学的分析方法：音节＝声母＋韵母＋声调，例如：分析“庄”（shuang）这个音节，首先分析整个音节：zh（声母）、uang（韵母）、阴平（声调），然后分析韵母部分：u（韵头）、a（韵腹）、ng（韵尾）。而用现代语言学的方法分析“庄”这个音节，则是 zh（辅音）＋uang（元音＋元音＋辅音）＋声调。现将普通话的音节结构方式列表如表 2-7 所示。

表 2-7　普通话音节结构表

例字	声母	韵母				声调
		韵头	韵腹	韵尾		
咬		i	a	o		上声
爽	sh	u	a		ng	上声
学	x	ü	ê			阳平
原		ü	a		n	阳平
杯	b		e	i		阴平
夜		i	ê			去声
欧			o	u		阴平
鹅			e			阳平

从普通话音节结构表中，可以归纳出普通话音节的几个特点：

① 一个音节最多有四个音素，最少有一个音素（不含声调）。

② 元音在音节中占优势。一个音节中至少有一个元音，如“鹅”；最多可以出现三个元音，如“吸”。

③ 一个音节中可以没有辅音，如“鹅”、“咬”。辅音只在音节的开头或末尾出现，如“爽”。

④ 汉语音节中不能没有声调。

二、音节的拼读

音节的拼读，也叫拼音，就是通过快速连读，把几个音素拼合成一个音节（包括声调）。

1. 拼读的要领

（1）声母要发本音。拼读时，声母要发它本来的读音，不要发呼读音。所谓呼读音，是为教学方便，在每个声母的后边加上一个元音（例如：ba），相当于一个声韵拼合的音。在声韵拼合中，声母应念得轻短一点，甚至只做口形。

（2）声韵要连贯。拼读时，声母、韵母要连贯，中间不能有停顿。声母韵母中间一停顿，声母就会独立出去，形成呼读音。声母发成了呼读音，再和韵母相拼，声音就会走样。

（3）声韵调要到位。音节拼合准确无误，声母、韵母、声调等的准确发音是前提，发音不到位，或动程不规范，都会影响拼音的准确性。例如：“解剖”的“剖”，声母 p，韵母 ou，声调阴平，发音不到位，或者受方音影响或动程有问题就可能出现误拼。

2. 拼音的方法

常用的拼音方法有：

（1）声韵两拼法。把声母、韵母分别当作一个单位，两部分拼合在一起，形成一个音节，这种方法叫声韵两拼法，例如：

k-uan-kuan　　j-ia-jia　g-ei-gei

（2）三拼连读法。也是适用于有韵头的音节的一种拼音方法。这种方法，把声母、韵头、带声调的韵腹三部分拼合在一起，形成一个音节，例如：“怀”、“亮”的拼读：

h-u-ái-huái　　　l-i-àng-liàng

（3）直呼拼音。即直接按音节的音韵调读出这个音节，例如：dōng（东）hǎi（海）。

上述几种拼音方法各有利弊。声韵两拼法比较容易掌握，但声母单独发音不大好发，容易产生呼读音，此外，有的音节的声母和韵母很难分开。例如：zi 组和 zhi 组的音节，强行将它们分成声韵两部分，再拼合起来，就很难使音节还原。三拼连读法的拼音构件少，但同样存在第一种拼法的缺点。“直呼拼音”难度较大，但“直呼”是拼读的目的，所以还是多拼、多练，采用直呼拼音为好。

三、声韵调的拼合规律

一个音节有声韵调三要素，这三者之间的配合不是任意的，哪些声母能和哪些韵母拼合，所拼合起来的音节形成可以和哪几个声调相配，都是有一定的规律可循的。掌握普通话中的这些规律，可以更清楚地认识普通话的语音系统，可以帮助纠正方音，避免拼读和拼写中出现错误，提高普通话的水平和普通话教学的质量。

1. *声母和韵母的配合*

(1) 声母和韵母的配合依据。声韵相拼，声母的发音动作与韵母的发音动作要合拍，不能相抵触。例如：声母 g，阻碍气流的部位是舌根和软腭，发这个音时，口张得很开。它与发音起始口张得较开的音，例如：an 就很合拍，因而 g-an 能拼；而与发音起始上下齿平齐的发音 ing，就不合拍，因而 g—ing 不能拼。

(2) 声母和韵母的配合规律。普通话声韵拼合的总的规律是：发音部位相同的一组声母，它们的拼合规律相同；同呼的一组韵母，它们的拼合规律也相同。大致情况，如表 2-8 所示。

表 2-8　普通话声韵配合简表

读音 发音部位	声母	开口呼	齐齿呼	合口呼	撮口呼
双唇音	b、p、m	+	+	+限于 u	—
唇齿音	f	+	—	+限于 u	—
舌尖前音	z、c、s	+	—	+	—
舌尖中音	d、t	+	+	+	—
	n、l	+	+	+	+
舌尖后音	zh、ch、sh、r	+	—	+	—
舌面音	j、q、x	—	+	—	+
舌根音	g、k、h	+		+	—
零声母		+	+	+	+

表中的“+”号表示声母、韵母可以相拼，“—”号表示不能相拼。从表中，可以归纳出普通话声韵拼合的几条主要规律：

①开口呼韵母不与舌面音 j、q、x 相拼。

②齐齿呼韵母不与唇齿音 f，舌根音 g、k、h，舌尖后音 zh、ch、sh、r，舌尖前音 z、c、s 相拼。

③合口呼韵母不与舌面音 j、q、x 相拼，合口呼韵母（除 u 以外）不与唇音声母 b、p、m、f 相拼。

④撮口呼韵母只能与舌尖中音 n、l，舌面音 j、q、x 相拼。

需要说明的是，表中所示不能相拼，是指全部不能相拼，无一例外；可以相拼，则并不是指全部能相拼。下边补充说明拼合规律不同于同呼的其他韵母的几组有特点的韵母的拼合情况。

①不与声母相拼的韵母：ê [ɛ]、er、ueng。

②不能成为零声母音节的韵母：－i [ɿ]、－i [ʅ]、ong。

－i [ɿ]、－i [ʅ] 只能分别与 z 组、zh 组声母相拼。

③ueng—ong。前者不与声母相拼，后者不能进入零声母时节。这两个韵母发音区别不太明显，前者是 [uəŋ]，后者是 [uŋ]，区别主要是功能上的，形成拼合上的互补关系。

2. 音节形式和声调的配合

由普通话声母、韵母构成的 400 多个音节形式与声调再配合，可构成 1200 多个音节。音节形式与声调配合有几种不同的情况。有的音节形式能与阴、阳、上、去四个声调相配，例如：ba、guo，普通话四声都有字；有的音节形式不能与普通话的四个声调相配，例如：se，只能配去声调，mang，仅配阴平、阳平、上声，mai，无阴平调。

普通话音节形式与声调配合的规律性不很强，较为重要的规律有：

（1）m、n、l、r 四个浊声母音节形式念阴平调的少，念阴平调只限于一些口语中常用字，例如：ma（妈）、mao（猫）、miu（妞）、nian（蔫）、liu（溜）、reng（扔）等。

（2）b、d、z、zh、j、g 六个不送气塞音、塞擦音声母拼鼻韵母的音节形式基本上没有念阳平调的，只有 béng（甭）等几个字．拼非鼻音韵母的音节形式，一般都能与阴平、阳平、上声、去声相配。

（3）p、t、c、ch、q、k 这六个送气声母跟任何韵母相拼，四个声调均有字。

四、拼写规则

《汉语拼音方案》对音节的拼写有具体的规定。下面对几条主要规则加以说明。

1. y、w 的使用

i、u、ü 行的韵母自成音节时，即 i、u、ü 行的韵母在构成零声母音节时，音节开头用 y、w 作音头。

（1）i 行的韵母自成音节，要用 y 开头。如果 i 后面还有别的元音，就把 i 改成 y；如果 i 后面没有别的元音，就在 i 前面加 y，例如：

ia—yá（牙）　ie—yě（野）　iao—yáo（遥）
iou—yòu（又）　ian—yàn（焰）　iang—yàng（样）
iong—yōng（拥）　i—yī（衣）　in—yīn（因）
ing—yīng（英）

（2）u 行的韵母自成音节，要用 w 开头。如果 u 后面还有别的元音，就把 u 改成 w；如果 u 后面没有别的元音，就在 u 前面加 w，例如：

ua—wā（蛙）　uo—wō（窝）　uai—wài（外）
uei— wěi（伟）　uan—wān（弯）　uen—wén（文）
u—wù（误）　uang—wāng（汪）　ueng—wēng（翁）

（3）ü 行的韵母自成音节，要用 y 开头跟 i 行的韵不同的是，不论 ü 后面没有别的元音，一律要在 ü 前面加 y。加 y 后，ü 上两点要省去。ü 行韵母共有 4 个，例如：

ü—yū (迂)　　üe—yuè (月)　　üan—yuán (原)　　ün—yún (云)

使用 y、w，主要是为了在连写时分隔音节界限。例如：把“翻译”写成 fānì，音节界限就不清楚，很可能被以为是“发腻”，如果写成“fānyì”，就不会被误解了。再如：把“大衣”写成 daī，就会以为是一个音节，写成 dàyī，音节界限就清楚了。

2. 隔音符号的用法

a、o、e 开头的音节连接在其他音节后面的时候，用隔音符号“'”隔开，例如：pí'ǎo (皮袄)。

顾名思义，隔音符号的作用就是分隔音节。例如：

xī'ān—xiān (先)　　xi'ōu—xiōu (修)

《汉语拼音方案》明确规定：a、o、e 开头的音节连接在其他音节后面的时候，如果音节的界限发生混淆，用隔音符号“'”隔开。现在使用隔音符号一般都放宽了尺度，a、o、e 开头的音节连接在其他音节后面，音节界限清楚也要用隔音符号，例如：

草案 (cǎo' àn)　　骄傲 (jiāo' ào)　　木偶 (mù' ǒu)

差额 (chā' é)　　和蔼 (hé'ǎi)　　幼儿 (yòu' ér)

3. ü 上两点的省写

ü 行的韵母 ü 上两点的省写有两种情况：一是 ü 行的韵母自成音节时，前加 y，同时 ü 上的两点省写（参看本节“y、w 的使用”部分）；二是 ü 行的韵母与 j、q、x 相拼时，ü 写成 u 的形式，例如：

jù (聚)　　jué (决)　　juān (捐)　　jūn (军)

qù (去)　　què (雀)　　quán (全)　　qún (群)

xū (需)　　xué (学)　　xuán (玄)　　xún (寻)

ü 行的韵母与辅音声母 l、n 相拼，ü 上的两点不省写，例如：

nǚ (女)　　lǚ (吕)　　nüè (虐)　　lüè (掠)

为什么有的省写 ü，有的不省写呢？这是因为 j、q、x 不能与 u 行的韵母相拼，与 u 行的韵母相拼时省写两点不会误认为是 u 行的韵母，而 n、l 既能与 ü 行的韵母相拼，又能与 u 行的韵母相拼，省写两点就会引起误解。

4. iou、uei、uen 的省写

iou、uei、uen 这三个韵母自成音节时，分别写成 you、wei、wen，当它们与辅音声母相拼时，一律省去主要元音 o 或 e，例如：

qiú jiù (求救)　　tuī lùn (推论)　　cuī huǐ (摧毁)

chún cuì (纯粹)　　shùn shuǐ (顺水)　　zūn guì (尊贵)

5. 标调法

标记声调的方法。《汉语拼音方案》规定，声调符号标在音节的主要元音上，轻声不标调，例如：

yōu diǎn (优点)　　lüè měi (掠美)　　suǒ shǔ (所属)

qín shī（琴师） péng yǒu（朋友） wǒ de（我的）

省去了主要元音的音节，音节中只有一个元音的，标在这个元音上，例如：kūn lún（昆仑）；音节中还有几个元音的，标在后面的一个元音上，例如：qiū shuǐ（秋水）。

i 上标调的，去掉上面的小点，例如：tuì yì（退役）。

第六节 普通话的语流音变

人们在进行语言交际时，由于相邻的音素或音节的相互影响，有些音节的声调、韵母等会发生一定的变化，这就是音节的变化，或称“语流音变”。汉语普通话中常见的音变现象有“变调”、“儿化”、“啊”的变读等（轻音也是一种音变现象）。

一、变调

变调是连续的音节中声调发生的音变现象。这种变化是语流中语音的“异化”现象。普通话的变调主要有“上声”的变调，“一、不”的变调等。

1. 上声调的变调

（1）上声调在非上声调（阴平、阳平、去声）有，该音节变成半上声“21”，例如：

① 上声调在阴平调前：

扭亏	法规	顶班	水兵
niǔ$^{214/21}$ kui^{55}	fǎ $^{214/21}$ gui^{55}	dǐng $^{214/21}$ ban^{55}	shuǐ$^{214/21}$ bing^{55}

②上声调在阳平调前：

搞活	改革	考察	产值
gao $^{214/21}$ huó^{35}	gai$^{214/21}$ ge^{35}	kao$^{214/21}$ cha^{35}	chan $^{214/21}$ zhi^{35}

③上声调在去声调前：

老化	审定	典范	彩照
lao $^{214/21}$ hua^{51}	shen $^{214/21}$ ding^{51}	dian$^{214/21}$ fan^{51}	cai $^{214/21}$ zhao^{51}

（2）上声调在轻音前。

①轻音字的本调是非上声调的，其前边的上声调变读作半上声“21”，例如：

姐夫　讲究　比方

老实　倒腾　老婆

脑袋　好处　底细

②轻音字本应是轻读音节的，其前的上声调变读作半上声“21”，例如：

铲子　李子　饺子

怎么　我的　你们

姐姐　嫂嫂　奶奶　姥姥

③少数轻音的本调是上声调的，其前边的上声调变作近似阳平，调值“34”，例如：

想法　把手　早起　晌午　讲讲　等等

（3）上声调与上声调连续，前一个上声调读作近似阳平的调值“34”，例如：

语法　　水表　　领导　　小鸟

yu$^{214/34}$ fa^{214}　　shui$^{214/34}$ biao^{214}　　ling$^{214/34}$ dao^{214}　　xiao$^{214/34}$ niao^{214}

取舍　　剪影　　敏感　　打扫

qu$^{214/34}$ she^{214}　　jian$^{214/34}$ ying^{214}　　min$^{214/34}$ gan^{214}　　da$^{214/34}$ sao^{214}

如果是三个上声调连续，则有两种情况：

①管理好　演讲稿　体检表　水彩笔　处理品　采访组

这种类型的上声调连读，前两个声调都变作阳平，因为这三个音节中，是前两个音节先组合后再与第三个音节组合的。

②要笔杆　小礼品　有苦恼　冷处理　很渺小　买水果

这一组的三音节词语，是后两个音节先组合，再与第一个音节组合的，而后两个音节的前一音节受后一音节的影响。先变成“34”，词语中的第一音节再与这个“34”组合时，则受“34”的影响变成“21”。所以这一组虽是三个上声调连读，实际音值则成了“21/34/214”。

如果是更多的上声词连读，则可分出“二、三”组合的音节组，再按相应的音变规律变读，然后连续成一句话，例如：

我姐姐/也可以/把手表/转给/厂领导。

小李/你给/老首长/打/洗脸水。

2. “一”、“不”原本是两个入声字

“一”的本调读阴平，“不”的本调为去声。“一”和“不”在语流中受相邻音节影响，也会发生音变，同样是“异化”现象。

(1)“一”的本调和变调。

“一”读本调的情况是：“一”单念时，或处于词末，或前有序数词，或是省略序数词时，都读本调“55”，例如：

“一、二、三”/五十一、三百零一、八一、五一、十一/第一、初一/（第）一连长，“（第）一车间”

“一”读变调的条件是：

①“一”在去声前变读作阳平（35），例如：

一致　一块儿　一切　一辈子　一共

一半　一路　一道　一律　一倍

②“一”在非去声前读作去声（51），例如：

一般　一心　一车　一天　一端　一边　一瞥　一生

一旁　一同　一条　一明　一团　一连　一齐　一头

一点　一口　一走　一股　一种　一举　一起　一所

③“一”嵌在重叠的动词间时读轻音，例如：

看一看　想一想　笑一笑　走一走　学一学　等一等

(2)“不”的本调和变调。

“不”读本调和读变调的条件与“一”大体相同。

“不”单念时或处于句末时读去声“51”，“不”在非去声前也读去声“51”，例如：

不　　不不/我偏不　　　我就不，我就是不。

“不”读变调的情况是：

①“不”在去声调前变读作阳平（35），例如：

不对　不算　不赖　不怕　不力　不便　不测　不快

②“不”夹在词语间时变读作轻音，例如：

多不多　少不少　看不看　想不想

来不来　去不去　行不行

上声调和“一、不”的连读变调，是语流中的音变现象，并不影响语义。在书面拼读时，可一律标本调，不标变调，但在教学训练中，根据具体情况，可以标变调。

二、儿读音节和儿化

1. 儿读音节

普通话韵母“er”自成一个音节就是儿读音节。儿读音节在普通话中只有少数几个字，例如：

儿 ér　而 ér　尔 ěr　耳 ěr　洱 ěr　饵 ěr

2. “儿化”

(1) 儿化的性质。普通话的词尾“儿”本是个儿读音节，由于处于词尾地位，连读时受前边音节的影响而失去独立性，并与前边音节（主要是韵腹）结合成一个音节，成了一个“儿化韵母”或叫儿化韵。“儿化”的过程中，就前边的音节而言，往往伴有减音现象，就“儿读”本身而言，则是发生了“弱化”。

(2) 儿化的主要规律。“儿化”是一种音变现象。儿化音变的基本特点是前一音节的后边（一般是韵腹）加上个卷舌动作，“合二而一”。具体来说，有以下一些规律：

①音节末尾是“ɑ、o、e、ê、u”的，韵母发音时，舌尖同时上翘，例如：

干活儿 huór　大个儿 gèr　半截儿 jiér　白兔儿 tùr　面条儿 tiáor

②韵尾 i、n、ng 的，去掉韵尾，主要元音加上卷舌动作，例如：

瓶盖儿 gar　　鞋带儿 dar　　一块儿 kuar　　那会儿 hur

门槛儿 kar　　打盹儿 dur　　好玩儿 war　　垂蔓儿 war

电影儿 yir　　药方儿 far　　鼻梁儿 liar　　打鸣儿 mir

麻绳儿 sher

③韵母是“i、e、ü”或－i [ʅ]、－i [ɿ] 的，后边加上“er”，例如：

小米儿 mǐer　小曲儿 qǔér　金鱼儿 yúer　石子儿 zǐer

写字儿 zìer　没事儿 shìer　树枝儿 zhīer

普通话的儿化，在我国南方方言中一般都不存在，而普通话儿化词的发音也有别于许多官话区的儿化发音，例如：西南官话工的四川等地“儿化”的发音。此外，普通话儿化词的“数量”也比北京话少得多。学习普通话的儿化，这几点都是应当注意的。

普通话的儿化不仅是普通话的重要语音特色，而且还有区别词义，区别词性，表示一定的感情色彩，表示小巧、可爱等作用，例如：

头（脑袋）—头儿（领导人）　信（信件）—信儿（消息）

盖（动词）—盖儿（名词）　画（动词）—画儿（名词）

老伴儿—宝贝儿—小鸡儿—小孩儿

三、语气词“啊”的音变

普通话的语气词“啊”，受其前边音节的影响，也常常会发生音变。这种音变，是一种语音的同化现象和增音现象。“啊”的变读主要有以下几种常见形式：

(1)“啊”读作“呀”ya，条件是，其前边的音素是 a、o、e、ê、i、ü。例如：

你找他呀　打呀/说呀　这是锣呀/听歌听　小河呀/好大的雪呀　上街呀/买米呀　要仔细呀/快去呀　听歌曲呀

(2)“啊”读作“哇”wa，条件是，其前边的音素是“u、ao、iao”等。例如：

别哭哇　好苦哇/多好哇　别跳哇/真巧哇　还小哇

(3) 音素“n”后变“哪”na，音素“ng”后变作“nga”，写作“啊”。

例如：快看哪　真甜哪　好狠哪/真冷啊　人和动物都是一样啊　不行啊

(4)“zi、ci、si”后的啊变作［zɑ］，写作“啊”：“zhi、chi、shi”后的“啊”变作“rɑ”，写作“啊”，例如：

写字啊　要深思啊　别推辞啊　挑刺啊

快吃啊　读诗啊　可耻啊　也是啊

四、语流音变训练

1. 变调训练

(1) 上声的变调训练。

①词语练习：

a. 两个上声相连变调训练。

例如：

组长　彩笔　指引　理想　抚养　勇敢

手表　选手　美好　水准　党委　想起

b. 三个上声相连变调训练：

展览馆　碾米厂　很勇敢　小考虑　管理组

c. 三个以上的上声字相连变调训练：

如果/你给我/把雨伞/买好，我/下午/五点钟/取走。

②非上声（阴平、阳平、去声）前变调训练：

在阴平前：启发　水兵　火车　补充　首先

在阳平前：品德　点名　旅行　语言　掌权

在去声前：改造　讲授　满意　简练　种类

③上声在轻声前变调训练：

打听　点心　讲究　牡丹　已经　枕头

打手　晌午　想法　裹腿　哪里

④上声在后缀“子”前的变调训练：

种子　款子　傻子　枣子　虎子

⑤表亲属称谓的上声叠音词前变调训练：

姐姐　嫂嫂　姥姥

【提示 2.4】

按本书《普通话语流音变》中“上声”变调的规律进行训练。

句段练习：

有些演讲者全神贯注在自己的讲稿中，从来不正视听众一眼。肯定地说，这样的演讲者在演讲的当天，就会被听众忘掉。

还有些演讲者从头到尾用一种语调读自己的讲稿，这样的演讲根本不会被人家接受，只不过是麻痹听众的注意力使听众昏昏欲睡。

【提示 2.5】

练习时除读准每个音节的声、韵、调外，请着重注意上声的变调。

（2）“一”的变调训练：

①词语训练：

一心一意	一五一十	一丝一毫	一朝一夕
一颦一笑	一粥一饭	一刀两断	一呼百应
一针见血	一团和气	一言为定	一盘散沙
一往直前	一表人才	一网打尽	一见如故
一事无成	一念之差	一毛不拔	一成不变
一帆风顺			

【提示 2.6】

“一”在非去声字之前变去声，在去声之前变得近似阳平，在叠音词中间变轻声。

②对话练习：

【实例 2.1】

修　表

甲：师傅，我这表出了一点儿毛病，一慢就是一个多小时，请您修一修。

乙：让我看一看。哦，该换一个电池了。

甲：换一个电池得多少钱哪？

乙：一块一角钱。

甲：能快一点儿吗？我还得赶路。

乙：稍等一会儿就行了。好了，你拿去用吧，有问题一定再来，啊？

甲：好的，谢谢。

③儿歌练习：

一个大，一个小，一件衣服，一顶帽。一个多，一个少，一打铅笔，一把刀。一个大，一个小，一只西瓜，一颗枣。一边多，一边少，一盒饼干，一块糕。一个大，一个小，一头肥猪，一只猫。一边多，一边少，一群大雁一只鸟。一边唱，一边跳，大小多少记得牢。

【提示 2.6】

按照普通话“一”的变调规律，分析儿歌中“一”的变调情况，再进行朗读练习。

(3)“不”的变调情况。

①成语练习：

不伦不类	不即不离	不尴不尬	不分皂白
不知所措	不堪设想	不毛之地	不成体统
不寒而栗	不了了之	不可思议	不假思索
不共戴天	不见经传	不速之客	不干不净
不屈不挠	不闻不问	不偏不倚	不谋而合
不翼而飞	好不好	看不见	睡不着

【提示 2.7】

“不”在非去声前不变调，去声之前变阳平，夹在词语中间读轻声。

②短文练习：

【实例 2.2】不久前，一艘巨大的木船把我们送到这个岛上。周围是不平静的大海，看不见这小岛以外的陆地，听不到城市的种种声音。带我们到这儿来，不会毫无目的吧？我找不到一个更熟悉的人，只好不顾羞怯，向同来的一个欧洲人发问，也不知道他懂不懂汉语。结果他不声不响，只是目不转睛地盯着不远的地方，身子一动也不动，我得不到答复，不得已，只好呆在小屋里。不久，他们送来吃的，也不知道是些什么东西，本不想吃，可肚子不答应，勉强吃了一点，不甜不咸，不酸不辣。说不出是什么味儿。这样过了几天，每天不是听到海浪的呼啸，就是遥望大海，不仅没有人能够交谈，也不敢随便走动。今天，这个不解之谜终于解开了：我们不是被当作敌人带上这不知名的小岛，而是作为不寻常的客人被请来的。只是，起初他们不熟悉我们，不知道怎样安排我们才好。

【提示 2.9】

按标准调读“不”的声调，并分析哪些是原调，哪些是变调。

“一”、“不”变调也只是出现在语流音变中，即谈说时变调，拼写时一般仍按原调。

2. 轻声训练

(1) 必读轻声词练习。

训练方法：

①参看本书中的《普通话常用必读轻声词》听录音，作跟读练习；或老师领读，学生跟读；或学生互相领读、跟读。

②将必读轻声词做成小卡片（可按意义分类），归类记忆；或编成绕口令、顺口溜或对话等，形象记忆。

(2) 带有规律性的轻声词练习。

①名词的后缀“子”、“儿”、“头”的轻声训练：

本子　卷子　桌子　房子　老头儿　小孩儿

花儿　木头　石头　舌头　指头

我们　你们　他们

②助词"的"、"地"、"得"、"着"、"了"、"过"的轻声训练：

……那咱叫"水晶"的，长得长长的，绿绿的……

我一定会深深地爱我们的战士。

……喊着口号，唱着歌……

吃过早饭，他就上学去了。

③语气词轻声训练：

吧　呢　吧　啦　呀　嘛　哇　啊

④名词、代词后的方位名词轻声训练：

墙上　进来　起来　下去　带上　放下去

⑤叠音词轻声训练：

奶奶　慢慢　看看　听听　说说

⑥量词"个"、"些"轻声训练：

三个臭皮匠，顶个诸葛亮。

他险些丢了性命。

⑦动词后的介词"在、"到"轻声训练：

记在心上　呆在家里　赶到车站　调到上海

⑧描摹状态的形容词第二个音节轻声训练：

糊里糊涂　粗声粗气　虎头虎脑　别里别扭

黑不溜秋　红不棱登

(3) 语句练习。

同学们！把窗户打开透透气，所有玻璃擦擦再关上，明白了吗？

天上的星星像眼睛似的，眨呀眨的，那么亮堂，真有意思。

公园里什么花儿都有：牡丹、月季、玫瑰、芍药。红的、白的、黄的、紫的、漂亮极了。

我的朋友从东边来了，穿着一身漂亮的衣裳，大老远就叫了一声，看他那快活的样子，也不知道为了什么，倒把我弄糊涂了。

伙计！你搞什么名堂？别那么冒失，免得惹麻烦，有那图热闹的功夫，还不如老实学点知识呢！

(4) 短文练习。

【实例 2.3】

懒汉碰巧钓到了一条大鱼。他急忙拎回家里。不等洗净就下锅，没有烧熟，就狼吞虎咽地吃起来。一边吃着，一边赞美说："嘿！我敢发誓，鱼是世界上最好的东西！"

突然，有根鱼骨样的东西卡住了他的喉咙，咽又咽不下去，吐又吐不出来，疼得他满脸流汗。他一边跺脚，一边气愤地说："鱼是世界上最坏的东西！"

这时，一个邻居走过来，帮他取出卡在喉咙的东西——原来不是鱼骨，而是鱼钩。

3. 儿化训练

(1) 儿化韵的发音变化规律训练。

儿化韵的发音变化规律，有加 r、er 以及改变原韵再加 r、er 等几种。详见《儿化规律简表》。

(2) 儿化发音训练。

①韵母不变，只加卷舌运作的儿化词训练：

鲜花儿 高个儿 笑话儿 刀把儿 纸匣儿 豆芽儿
山歌儿 高个儿 风车儿 细末儿 草稿儿 符号儿
麦苗儿 小鸟儿 小猴儿 衣兜儿 打球儿 白兔儿
眼球儿 袖口儿 小米儿 小鸡儿 米粒儿 差不离儿
金鱼儿 唱曲儿 孙女儿 马驹儿

②丢失韵尾，再加卷舌动作的儿化词训练：

壶盖儿 女孩儿 一块儿 花蓝儿 好玩儿 一会儿
针尖儿 一点儿 拉链儿 圆圈儿 旁边儿 墨水儿
多会儿 小腿儿 脚印儿 树林儿 人群儿 没准儿
瓜子儿 台词儿 挑刺儿 铁丝儿 树枝儿 锯齿儿
小事儿 棋子儿

③丢失韵尾，加卷舌动作，元音鼻化的儿化词训练：

门缝儿 头绳儿 板凳儿 麻绳儿 电影儿 小虫儿
小熊儿 没空儿 铜铃儿 帮忙儿 药方儿 唱腔儿
瓜秧儿 蛋黄儿 竹筐儿 借光儿

(3) 必读儿化词表（一）。

瓣儿	老伴儿	板擦儿	碴儿	没错儿	脸蛋儿	点儿
兜儿	份儿	干儿	包干儿	盖儿	笔杆儿	光杆儿
羊羔儿	饱嗝儿	个儿	易拉罐儿	打滚儿	冰棍儿	男孩儿
女孩儿	外号儿	猴儿	核儿	会儿	活儿	大伙儿
皮筋儿	劲儿	烟卷儿	角儿	壳儿	块儿	时髦儿
门儿	纳闷儿	面儿	雪人儿	桑葚儿	哨儿	模特儿
聊天儿	头头儿	奔头儿	劲头儿	老头儿	玩儿	味儿
被窝儿	心窝儿	馅儿	眼儿	心眼儿	字眼儿	好样儿
爷儿俩	玩意儿	这儿	子儿	庄儿		

(4) 必读儿化词表（二）。

本表列入儿化词是表（一）单音词的主要衍生词。

①瓣儿：花瓣儿 蒜瓣儿 豆瓣儿酱 橘子瓣儿
②碴儿：碗碴儿 玻璃碴儿 冰碴儿
③点儿：差点儿 快点儿 晚点儿 有点儿
④兜儿：裤兜儿 衣兜儿 网兜儿
⑤盖儿：壶盖儿 瓶盖儿 宝盖儿 指甲盖儿
⑥干儿：鱼干儿 豆腐干儿 葡萄干儿
⑦猴儿：大猴儿 小猴儿 猴儿王 耍猴儿
⑧核儿：梨核儿 杏核儿 煤核王

⑨会儿：等会儿	坐会儿	多会儿	这会儿
⑩活儿：干活儿	零活儿	重活儿	力气活儿
⑪劲儿：闯劲儿	干劲儿	使劲儿	起劲儿
⑫角儿：丑角儿	名角儿	配角儿	捧角儿
⑬壳儿：蚌壳儿	贝壳儿	脑壳儿	
⑭块儿：土块儿	石块儿	冰块儿	碎块儿
⑮门儿：柜门儿	炉门儿	月亮门儿	走后门儿
⑯面儿：胡椒面儿	粟子面儿	药面儿	
⑰牌儿：老牌儿	名牌儿	冒牌儿	杂牌儿
⑱球儿：煤球儿	糖球儿	玻璃球儿	卫生球儿
⑲圈儿：火圈儿	里圈儿	外圈儿	线圈儿
圆圈儿	转圈儿	眼圈儿	面包圈儿
⑳玩儿：好玩儿	闹着玩儿	玩儿命	
㉑味儿：臭味儿	风味儿	京味儿	鲜味儿
香味儿：走味儿			
㉒馅儿：馅儿饼	肉馅儿	什锦馅儿	露馅儿
㉓眼儿：扣眼儿	窟窿眼儿	红眼儿病	
㉔庄儿：张庄儿	赵庄儿		
㉕子儿：瓜子儿	花子儿	结子儿	石头子儿

（5）对话练习：

【实例 2.4】

老朋友相遇

甲：那不是张师傅吗？好久没见了！

乙：哦，是李师傅！我们家搬城外边儿去了。就在羊市口儿东边的小梅村儿。

甲：你们家里有花儿吗？

乙：有啊！花园儿里种着茶花儿，花盆儿里养着菊花儿，花盆儿里还插着梅花儿。

甲：哟！要是有空儿，能上你们家玩儿玩儿，一边赏花儿，一边儿聊天儿，那该多好哇！

乙：非常欢迎！等下了班儿，咱们一块儿去，先去农贸市场绕个弯儿，我买点儿小葱儿、豆角儿、土豆儿、豆芽儿，还有小白菜儿什么的，回去好做饭呀。

甲：别那么麻烦了。咱俩下了班儿，上对门儿小饭馆，买上锅贴儿，带上点爆肚儿、蒜瓣儿，再弄上二两白干儿，到你家慢慢儿喝。

乙：行！哦，差点忘了，还得买点儿豆瓣酱，外加两盒烟卷儿。

甲：咳！想不到你们这儿环境挺不错的。地里饱满的麦穗儿，小鸟儿在树枝上唱歌儿，河里的小鱼儿在水上吹泡儿。你看，那儿还有一条小船儿呢。小船儿那老头儿拿着钓鱼杆儿，是在钓鱼儿吧。

乙：要说美，咱们村儿可真美。早半天儿电影厂的人还在这儿拍电影儿哩！

（6）绕口令训练。

进了门儿，倒杯小儿，喝了两口运运气儿。顺手拿起小唱本，唱了一曲又一曲儿，练完了嗓子我练嘴皮儿，绕口令儿，练字音儿，还有单弦儿牌子曲儿。小快板儿，大鼓词儿，又说又唱真带劲儿！

（7）短文练习。

【实例 2.5】

问　路

有一个南方人，第一次到北京来，道路很不熟悉。有一天他参观了故宫以后，想顺便到王府井儿大街逛逛。人家告诉他，要去王府井儿，最好从故宫东门儿出去。他出了故宫东门儿，没走多远就遇到一个十字路口儿。往哪边儿走才是王府井儿呢？正巧过来一个老头儿，他赶快问路。老头儿说：“我的耳朵有点儿背，您问什么井儿，我们这儿都用自来水儿！”等这个人说明了自己的意思，老头儿告诉他：“您从这儿一直往东边走，顶多有一、二里地，就是一个十字路口儿，到了那儿您就别往东边儿走了，那儿是金鱼胡同儿；您也别往北边儿拐，北边是灯市口儿；您呢往南边儿拐，一拐弯儿就是王府井北口儿。”这位南方来的同志谢过老头儿，一边儿走，一边儿念叨着：“东边儿，南边儿，北边儿……我们南方只说左边儿右边儿，怎么北京这么多边儿？”

（《普通话水平测试指南》）

4. “啊”的音变训练

（1）“啊”前一音节的尾音是“ɑ、o、e、ê、i、ü”的训练。

①原来你认识他呀（tā yɑ）！

②我每天早晨起来要赶车呀（chē yɑ）！

③下了好大的雪呀（xuě yɑ）！

④两门功课不及格，要留级呀（jí yɑ）！

⑤多么伟大的壮举呀（jǔ yɑ）！

（2）“啊”前一音节的尾音是“u”、“ɑo”、“ou”的训练。

①我会跳舞哇（wǔ wɑ）！

②实习老师对我们多好哇（hǎo wɑ）！

③这么逼真，真是维妙维肖哇（xiào wɑ）！

④在这儿住哇（zhù wɑ）！

⑤她的手可真巧哇（qiǎo wɑ）！

⑥他可真瘦哇（shòu wɑ）！

（3）“啊”前一音节的尾是“ɑn、en、in、ün”的训练。

①好人哪（rén nɑ）！

②快分哪（fēn nɑ）！

③小心哪（xīn nɑ）！

④头好晕哪（yūn nɑ）！

（4）“哪”前一音节的尾音是“ɑng、eng、ing、ong”的训练。

①大声唱啊（chàngng ā）！

②行不行啊（xíngng ɑ）！

③快往前冲啊（chōngng ɑ）！

④快点讲啊（jiǎngng ɑ）！
⑤他姓程啊（chéngng ɑ ）!
(5)“啊”前一音节的尾音是舌尖前韵母“－i”的训练。
①办学要舍得投资啊（zī ɑ ）!
②到时您可别推辞啊（cí ɑ ）!
③这个问题你要三思啊（sī ɑ ）!
(6)“啊”前一音节的尾音是舌尖后韵母“－i”的训练。
①春江水暖鸭行先知啊（zhīr ɑ ）!
②这花布多少钱一尺啊（chǐr ɑ ）!
③科学研究可得老老实实啊（shír ɑ ）!
④今天是你们妇女的节日啊（rìr ɑ）!

第三章 普通话的学习和运用

第一节　正确认识和掌握北京语音

普通话是现代汉语民族共同语，也是全国各民族通用的交际用语。推广普通话，学用普通话，首要的条件是实现语音的规范化。所谓语音规范化，就是使普通话有一个明确的，统一的语音标准，并依照这个标准学习和推广。普通话的语音标准是“以北京语音为标准音”，这是一个总的标准，《普通话导读词审音表》、《现代汉语词典》（修订本）等是具体标准。

普通话“以北京语音为标准音”，但排除了北京语音中不规范的语音成分——土语土音等。因为北京话毕竟是一咱地方方言。“以北京语音为标准音”，是普通话采用了北京话的语音系统，并非接受了北京方言的一切读音。例如：北京话里的“通红”读作“tōng hóng ”，“淋湿”读作“lín shī ”等，并未被普通话接受。北京话中众多的“儿化音”，鼻音过重，连读中过多地连音、减音等现象是普通话要进行规范的重要内容。

但北京语音毕竟是“标准音”，方言区的人学习普通话，应当带点“京腔”。许多南方人讲的普通话，听起来还像那么回事，但没有一点“京腔”，这就是在腔调方面向北京话靠拢了。又如：南方人说普通话，几乎很少有儿化，也就无法体现北京话这一重要语音特色。对能够把握的儿化词，例如：“小家伙、小鸟”，还是读成儿化词为好。再加：北京语音的“上声调”处于词末时，一般读得较明显，而南方人讲用普通话，词末、句末的上声调很不明显，甚至干脆读作低降调“21”，这样看来，还是要学习北京语音的上声调了。

第二节　掌握《普通话异读词审音表》

异读词指同一个词或语素有两个或几个不同的读音。异读词不同读音的产生，都有一定的“背景”。有的是新旧音的差异所致，例如：“虚”；有的是文白读者的不同，例如：“薄”；有的是由于汉字声旁的误读，例如“酵”；有的是口语变读原因，例如：“波”等。

掌握《审音表》是语音规范化的重要内容之一。《审音表》将异读词归纳为两类并进行了不同处理：

1. 确定异读词的统读音，废止其他读音

成绩：取消 jī 音，统读作 jì

事迹：取消 jī 音，统读作 jì
呆板：取消 ái 音，统读作 dāi
咆哮：取消 xiāo 音，统读作 xiào
穿凿：取消 zuò 音，统读作 záo
指甲：取消 zhī 音，统读作 zhǐ
凹陷：取消 wā 音，统读作 āo

废止异读音，确定统读时是《审音表》处理异读词的主要方式，确定统读音的异读词在《审音表》中约占 80%，这给群众学习普通话带来很大方便。

2. 部分“异读词”仍保留着异读音

《审音表》中还有 120 多个异读词仍保留着异读音。大体有三种情况：

（1）文白异读的异读词，词义差异甚微，但语音差异明显。例如：

血：“血块”中读 xiě，“贫血”中读 xuè
蔓：“瓜蔓”中读 wàn，“蔓延”中读 màn
薄：“薄弱”中读 bó，“纸很薄”中读 báo
片：“影片”中读 piàn，“影片儿”中读 piān
逮：“逮耗子”中读 dǎi，“逮捕”中读 dài
场：“场子”中读 chǎng，“场院”中读 cháng

（2）异读音差异较大，且词义差异比较明显的。例如：

畜：“畜牧”中读 xù，“家畜”中读 chù
撮：“一撮盐”中读 cuō，“一撮毛”中读 zuǒ
创：“创造”中读 chuàng，“创伤”中读 chuāng
当：“当时”（过去）中读 dāng，“当日”（同时）中读 dàng

以上异读词，在群众中本是混乱使用的。

（3）异读音差异很大，词义差异也很大。例如：

拗：“拗口”中读 ào，“执拗”中读 niù
屏：“屏除”中读 bǐng，“屏风”中读 píng

《审音表》具有立法性质，学习普通话，必须依照《审音表》中确定的音去认读。由于 800 多个实现统读音的异读词有确认统读音的学习过程，而 100 多个仍有异读音的异读词群众过去是乱念乱用的，现在也有个重新认读的过程。所以，掌握《审音表》是语音规范化的重要内容之一。

3. 掌握“误读字”的正确读音

误读字指由于种种原因容易读错的字，主要有以下几种情况：

（1）一些形体相仿或依偏旁读音的误读字。例如：

臀（臀部）读 tún，不读 diàn	娩（分娩）读 miǎn，不读 wǎn
棱（棱角）读 léng，不读 líng	窠（窠臼）读 kē，不读 cháo
抠（抠门）读 kōu，不读 ōu	绽（绽开）读 zhàn，不读 dìng
糙（粗糙）读 cāo，不读 zào	券（证券）读 quàn，不读 juàn

酗（酗酒）读 xù，不读 xiōng　　　　畔（池畔）读 pàn，不读 bàn
濒（濒临）读 bīn，不读 pín　　　　涸（干涸）读 hé，不读固 gù

（2）因多音多义读错的字。例如：

艾："方兴未艾"，读 ài，"自怨自艾"读 yì
奔："奔跑"读 bēn，"投奔"读 bèn
吵："争吵"读 chǎo，"吵吵"读 chāo
待："等待"读 dài，"待一会儿"读 dāi
读："读书"读 dú，"句读"读 dòu
恶："凶恶"读 è，"可恶"读 wù
服："服从"读 fú，"一服药"读 fù
喝："喝 水"读 hē，"喝彩"读 hè
各："自各 儿"读 gě，"各种"读 gè
观："观看"读 guān，"寺观"读 guàn

（3）误读的"姓氏地名名称"字。例如：

查："姓查"，读 zhā　　　　汗："可汗"，读 kè hán
解："姓解"，读 xiè　　　　尉："尉迟"（复姓），读 yù
单："单于"（匈奴君主），读 chán　　　　顿："冒顿"（匈奴君主），读 dú
丽："丽水"（地名），读 lí　　　　六："六合"（地名），读 lù
跑："虎跑"（地名），读 páo　　　　台："天台"（地名），读 tāi
论："论语"（书名），读 lún　　　　蔚："蔚县"（地名），读 yù
兹："龟兹"（地名），读 cí　　　　堡："瓦窑堡"（地名），读 bǔ

以上扼要阐述我们怎样实现语音规范化，而实现语音规范化还有许多工作要做，例如：排除方音对普通话标准音的干扰等。

第三节　湖北方言与普通话的比较

"湖北方言"泛指湖北境内方言。湖北各地方言区别明显，与普通话相比，也有一定的差异。湖北人要学好普通话，首先必须排除方言的干扰。

一、湖北方言的分区

依"古入声字的今调类"，参考其他标准，湖北方言可以分作三个区、五个片。三个区可分别划归汉语方言的相应方言区。

1. 西南官话区

湖北境内可归入西南官话的主要是江汉平原及鄂西、鄂西北地域。主要特点：一般是入声派进阳平，有阴平、阳平、上声、去声四个调类。湖北境内的西南官话又可以分作三个地区。

（1）武汉——荆州地区，主要包括以下地域：武汉市的武昌、汉口、汉阳及汉川，荆州市（荆州区、沙市区）、江陵、公安、洪湖、松滋、天门、仙桃、京山、荆门（南）。

（2）宜昌——恩施地区，包括宜昌市，恩施市，巴东、建始、宣恩、利川、来凤、五峰、远安、当阳、宜都、枝汉、长阳、秭归、兴山、咸丰。

（3）襄樊——十堰地区，包括襄樊、十堰、襄阳（县）、丹江口、老河口、随州、南漳、谷城、枣阳、宜城、保康、房县、郧县、郧西、竹山、竹溪、钟祥、荆门（北）、潜江。

湖北境内西南官话区的三个地方，内部也有差异：武汉——荆州地区，武汉话与荆州话最为接近；天门、仙桃、京山（大部分）、洪湖、松滋、公安都有入声调，这一地区，其韵母共同点是“er”读［ɯ］

宜昌——恩施地区，接近四川方言，有“er”，且儿化韵丰富。襄樊——十堰地区与前两地区差异较大，腔调上更接近中原官话。

2. 江淮官话区

湖北境内的江淮官话主要分布在鄂东地域。主要特点是：有入声调；去声多分为阴去、阳去；［ɥ］类的韵母丰富，因而也称作“楚语区”。主要包括以下地域：黄冈、孝感、罗田、蕲春、英山、浠水、麻城、鄂州、大悟、红安、武穴、黄梅、安陆、应城、孝昌、广水、云梦、黄石、黄陂、新洲。

3. 赣方言区

湖北境内的赣方言主要分布在鄂南地域，主要特点是：

（1）有入声调。

（2）去声分阴去，阳去。

（3）送气音多。

主要包括以下地域：咸宁、大冶、嘉鱼、赤壁、崇阳、通城、通山、阳新、监利、（石首）。

二、湖北方言语音的特点

湖北地处我国南北方交汇处，方言比较复杂，湖北方言的语音与普通话有明显差异。

（一）湖北方言的声调

湖北境内三个方言区声调的调类、调值差异明显，这里列表与普通话作一比较（表3-1）。由表3-1可以对湖北方言声调特点作如下概括：

湖北方言声调与普通话相比，在调类、调值方面都有明显差异。

属西南官话的武汉——荆州、宜昌——恩施两地区，调值、调类相近，在阴平、阳平、上声、去声四个调类，入声一般归入阳平（天门、仙桃、京山、洪湖等地有入声），阴平是平调。鄂西北的襄樊——十堰地区，阴平一般是升调，去声为降升调，多数地方入声归阳平，但也有入声既派进阴平，也派进阴平的，例如：老河口、丹江口、十堰市、郧西、谷城、保康等，这些都是中原官话特征。

表 3-1　古调类、湖北方言与普通话声调的比较

古调类 地点	平		上		去			入					
	阴平	阳平	阴上	阳上		阴去	阳去	阴入				阳入	
	春天	人和	使美	你	是	试	事	失	识	索	式	木	白
北京	55	35	214		51			阴	阳	上	去	去	阳
武汉	55	213	42		35			阴平 213					
荆州	55	213	42		35			阳平 23					
天门	55	213	31		53			13					
宜昌	55	213	42		24			阳平 213					
恩施	55	212	53		35			阳平 212					
襄樊	34	52	55		212			阳平 52					
十堰	44	53	54		213			阳平 53					
钟祥	24	31	53		214			阳平 31					
老河口	24	53	55		31			24	53	24	53	24	53
黄州	33	31	55		34	35	34	213					
孝感	34	21	52		44	45	44	12					
红安	22	31	55		33	35	33	13					
武穴	44	31	33		22	35	22	21					
咸宁	44	21	42		33	213	33	55					
通山	213	21	42		33	45	33	55					
监利	44	313	31		33	24	33	35					
石首	55	313	31		33	24	33	34			33		

鄂东地域的江淮官话和鄂南地域的赣方言，都有入声，去声一般分作阴去、阳去，这些都与普通话相去甚远。

（二）湖北方言的声母

1. z、c、s 与 zh、ch、sh 的分混

（1）平舌音 z、c、s 与翘舌音 zh、ch、sh 一般不混的地域，主要是：

①鄂东的孝感、广水、安陆、英山、大悟、红安、新洲、黄陂、麻城、罗田、英山、黄冈、浠水、大冶、武穴等地域。

②鄂西北的十堰、郧西、竹山、竹溪、南漳、远安以及钟祥（东桥、洋梓、客店、张集、关山）、宜城（李塔、刘猴、流水、讴乐）、随州的部分地域等。

③鄂西的兴山、姊归、巴东、建始、恩施、鹤峰等地域。

④嘉鱼、赤壁及洪湖东南的部分地域。

（2）平、翘舌不分，翘舌音一般都混入平舌音，湖北境内多数地方一般只出现平舌音 z、c、s。主要是：

①江汉平原的武汉（汉口、武昌、汉阳）、荆州（沙市、荆州区）、江陵、公安、

松滋、石首、监利、京山、天门、潜江、荆门南部。

②鄂西北的宜城（大部分）、襄樊市、老河口、丹江口、谷城、保康、房县等。

③宜昌、宜都、长阳、五峰一带。

（3）少数地域一般只出现翘舌音 zh、ch、sh。主要是当阳东南部（王店、 淯溪、河溶），荆门北部（姚河、仙居），钟祥南部、西部（旧口、长滩、双河、胡集），江陵的资市、滩桥，公安的埠河等地域。

2. n 与 l 的分混

湖北境内，只有巴东、姊归、鹤峰部分地域能区分 n 和 l；武穴、通山等地 n、l 区分在条件，其余地方一般都不能区分 n 和 l。在武汉、荆州、宜昌、咸宁及襄樊、丹江口、老河口，一般是 l 混入 n，这些地方人发“l”时，往往有鼻音；其余 n、l 不分地域，一般只出现“l”或“l”。总而言之，区分 n 和 l，是湖北人学习普通话的主要难点之一。

3. 声母“r”的读音

（1）有声母 r 的地域：

①鄂东、鄂南的红安、黄冈、麻城、罗田、英山、浠水、大悟、安陆、应城、广水、孝昌、云梦、孝感、黄陂、蕲春、大冶、嘉鱼等地域。

②鄂西、鄂西北的宜都、宜昌、兴山、秭归、巴东、恩施、宣恩、竹溪、竹山、郧西、十堰、房县、南漳、襄阳、枣阳、随州等。

③其他地域：监利、石首、京山、鹤峰部分地域。

（2）湖北境内没有 r 声母的，主要分布在江汉平原地域：

湖北没有 r 声母的地方一般有下列变化：读作［z］，如“肉 zu”（江陵），［l］如“热 ɤ”（江陵）；［ɣɤ］“热 ɣɤ”（仙桃）；读作零声母，职“荣 yn”（沙市）。

4. h、f 的分混

湖北境内的鄂西北、江汉平原、鄂东、鄂南部分地域，主要是城镇，一般能分清 h 和 f。

（1）h、f 相混，一般只出现 f 的主要是鄂西的五峰、鹤峰、宣恩、咸丰、来凤、利川；鄂东的大悟、黄冈，鄂南的崇阳、咸宁以及靠近湖南的石首、监利、松滋的部分地域。

（2）f 混入 h 的主要有巴东、通城、崇阳、钟祥、荆门，沿汉水、东荆河水域至洪湖的一带地域，约有 40 个乡镇，一般也是 f 混入 h。

5. j、q、x 读作 g、k、h

“阶、掐、咸”读作开口的［kai］、［k'a］、［han］在湖北各地带有普遍性，不过涉及字不多。例如：街、解、界、豇、敲、下、咸、项、巷、鞋、蟹、搅、夹、陷等。

6. b、d、j、g、z 读作送气音

普通话的 b、d、j、g、z 都读不送气音。湖北境内，鄂南的嘉鱼、咸宁、阳新、崇阳、赤壁、通城、大冶以及潜江、监利等地，上述声母多读作送气音。例如："步罢白、达道代、技巨及、概共跪、在自坐"等。这种语音现象在赣方言中很普遍。

7. 尖团音分混

湖北部分地域分团音、尖音。主要是咸宁、通山、阳新、大冶、武穴等地域，洪湖、监利、江陵一些地主也有反映。例如："寄、季、举、鸡、君、建、京"等读团音，而"津、晋、煎、将、降、积、井、绩、酒、尖、妻、七、切、千、寝、尽、墙、就、集、渐、线、先、小、些、想、心、醒、叙、羡、邪、谢、详、象、席、习等，读作 zi、ci、si。

8. z、c、s 读 ju、qu、xu

湖北境内部分地域把普通话中的 zh、ch、sh 读作舌面音 j、q、x，韵母则由合口呼 u 变作撮口呼 ü。由于这一地域一般是 zh、ch、sh 混入 z、c、s，所以就成了 z、c、s 读作 j、q、x。例如："猪、除、书"读作 ju、qu、xu。常见字例：猪、主、诸、著、除、处、柱、住、出、书、鼠、暑、对、追、春、船、专、唇、税、纯、水、刷等。主要地域是：

(1) 汉口、汉阳、武昌、蔡甸、江夏（泗湖）。

(2) 阳新、通山、赤壁、黄梅。

(3) 汉川及天门（中部和东部)、仙桃、洪湖东部地域。

(4) 宜恩、来凤。

9. d、t 读作 [h]

声母 d、t 读作 [h]，是受方言影响的产物。例如：监利的"他"、"夺"、"店"分别读作 [hɑ] [ho] [hən]，主要出现在监利、洪湖、石首的部分地域，鄂南一带也有反映。d、t 读作 [h] 主要是中古"透、定"，两母的"一，四"等字。例如：他、图、袋、退、讨、头、甜、听、题、替、实、夺、店、拖、吐、木、代、道、投、贪、谈、滩、天、田、铁、团、吞、汤、堂、听、疼等。

10. 特殊声母 [b] [d] [dz] [g] [c] [v]

上述声母一般只在鄂南的赤壁、崇阳、通城、大冶、通山等地域出现。学习普通话要注意方言中的这些声母在普通话中应读什么声母。例如：

赤壁	[b]	罢、被、薄、坡	[d]	大、但、到、量
	[dz]	昨、在、才、助、崇	[dʐ]	绝、就、尽、勤
	[dʐ]	侄、赵、陈、劝	[g]	共、科、概
	[b]	爬、坡、盘、被	[d]	太、堤、谈、大
	[dz]	坐、在、盯、楚	[dʐ]	就、谢、轻、枪
	[h]	开、何、看、汉		
赤壁、大冶	[c]	加、交、减、惊、巧、丘、禽		
阳新、通山	[v]	威、文、五、挖、畏、问、屋		

其他地域的特殊字母：

丹江口 [pf] 猪、抓 [pf] 吹、垂、床

11. 声母 [ŋ] [ɣ] [ȵ] 的分布

[ŋ] 作辅音声母比较集中的地域是鄂东和鄂南一带。具体的地域是：

(1) 黄冈、孝感、应城、安陆、云梦、广水、孝昌、大悟、红安、麻城、罗田、英山、黄梅、武穴、阳新、大冶、蕲春、浠水、鄂州、黄石等。

(2) 咸宁、嘉鱼、赤壁、崇阳、通山、通城、监利等。

(3) 武昌、汉口、汉阳、汉川、黄陂、新洲、蔡甸、江夏、宣恩、利川、咸丰、来凤、鹤峰、恩施、随州、郧西、十堰等。

例如：

汉口：

① (影) 哑、哀、挨、矮、爱、隘、凹、袄、安、暗、案、恶、淹、肮、昂、恩、沤、欧、翁等。

② (疑) 我、芽、讹、额、鄂、鹅、讹、蛾、饿、硬、呆、岸、咬、傲、熬、艾、碍、藕等。

[ɣ] 的分布：湖北有 [ŋ] 的地方之外，与 [ŋ] 出现条件相同（影、疑开口），在汉口读 [ŋ] 的字，要读作 [ɣ]，主要是下面一些地域：

当阳、长阳、襄阳、丹江口、应城、远安、兴山、建始、宜城、钟祥、天门、仙桃、石首、公安等。

[ȵ] 的分布：湖北境内有 [ȵ] 的地域主要是鄂东和鄂南一带，鄂西北也有反映。主要地域：

(1) 黄冈、黄陂、罗田、英山、麻城、浠水、武穴、黄梅、红安、黄石。

(2) 赤壁、大冶、通山、崇阳、通城、阳新。

(3) 竹山、竹溪、房县、十堰、郧阳、丹江口。

例如：

黄冈：

① (疑细) 宜、仪、疑、义、议、毅、艺、谊、业、邺、尧、研、言、严、砚、验、酽、银、吟、迎。

② (泥细) 霓、尼、泥、你、拟、腻、溺、逆、匿、粘、年、碾、念、娘、鸟、尿、捏、聂、蘖、涅、镍、妞、牛、扭、疟、虐等。

(三) 湖北方言的韵母

1. 卷舌韵母 er [ər]

普通话中的卷舌韵母（“儿”读单节）er，一般只管“儿、而、尔、耳、洱、饵”这几个字。湖北各地方言中有 er 的分布大体是：

(1) 有 er 的地域。宜昌、宣恩、利川、咸丰、秭归、巴东、建始、恩施、鹤峰、来凤、襄樊、枣阳、谷城、老河口、保康、钟祥、远安、兴山、随州、南漳、十堰、郧县、郧西、房县、丹江口、竹山、竹溪、广水、孝昌、大悟、应城、英山、罗田、

红安、浠水、蕲春、鄂州、黄梅、麻城、嘉鱼等。

（2）没有 er 的地域。

①一般读作［ω］的：武昌、汉口、汉阳、汉川、应城、蔡甸、黄陂、荆州、江陵、潜江、松滋、当阳、宜都、长阳、五峰、荆门、京山、监利、石首、公安、洪湖等。

②读作［ə］［ɤ］［ɿ］［y］的：天门、仙桃、崇阳、新洲、咸宁、通山、大冶、阳新、通城、赤壁等。

2. n、ng 韵尾的分混

湖北多数地域 en 和 ang 都能区分，少数地方 ang 混入 an，例如：糖＝谈（沙市）。

湖北境内 en、eng 有区别的地域，例如：澎≠盆的地域有潜江、丹江口、老河口、房县、保康、南漳、郧西、宜城、恩施、崇阳、通城等。ing 混入 in［iən］的较为常见，湖北各地一般都把 ing 读作 in，例如：京＝今。

3. u 读［vu］［m］的分布

零声母的 u，在湖北部分地域前带［v］，例如："吴"读作［vu］。主要是红安、通山、随州以及鄂西的五峰、咸丰、来凤、恩施、鹤峰等地。例如：乌呜污巫坞；无吴吾妩；五伍武侮舞；梧悟；（厌）恶务雾误；勿物屋等。仙桃、天门、洪湖以及江陵、监利部分地域，零声母的 u，读作［m］。例如："文、纹、蚊、闻、袜、吻、忘、网、望"等。

4. u 韵头的失落

湖北部分地域"uei uan uen"等韵母与声母拼合时，部分字往往丢失韵头，例如："河"读作"ho"，"对"读作 dei，"短"读作 dan，"团"读作 tan，"吨"读作 den。主要地域是：

（1）江汉平原的武昌、汉口、汉阳、汉川、黄陂、新洲、仙桃、天门、洪湖、京山、钟祥等。

（2）鄂西的宣恩、利川。

（3）鄂西北的襄樊、枣阳、丹江口、老河口、谷城、房县、保康、宜城等。

（4）鄂东的安陆、大悟、广水、孝昌、麻城、浠水、鄂州、阳新等。

例如：堆队，推退，醉罪最，崔脆，虽隋，端短段断，团湍，暖乱钻，窜酸算，吨顿敦，吞屯臀，抡轮论，尊遵，寸村忖存，孙损榫笱等。

5. 零声母"e"［ɤ］的读音。

普通话的韵母 e（得、客）在湖北各地读音复杂。大体是：石堰、丹江口、老河口、房县、保康、南漳、襄樊、宜都、枣阳、钟祥（北）、广水、安陆、麻城、英山、浠水、咸宁、阳新、通山、赤壁、崇阳、来凤、利川、巴东、恩施、宣恩等。

（1）零声母"e"读作［e］［E］的主要是以下地域：郧西、十堰、丹江口、老河口、房县、保康、南漳、襄樊、宜都、枣阳、钟祥（北）、广水、安陆、麻城、英山、浠水、咸宁、阳新、通山、赤壁、崇阳、来凤、利川、巴东、恩施、宣恩等。

（2）e读作［ε］［æ］的地域主要是：应城、云梦、孝感、孝昌、大悟、红安、黄冈、鄂州、罗田、黄梅、竹山、竹溪、汉川、嘉鱼等。

（3）e读作［o］［uo］［ə］的地域主要是：武昌、汉口、汉阳、黄陂、新洲、蔡甸、荆州、荆门、潜江、仙桃、天门、京山、枝江、宜都、宜城、长阳、兴山、秭归等。

例如：额厄扼，得德，特，勒，格革隔疙，刻咳客克核赫，折哲浙，彻辙掣，设摄者赊舌佘，责泽择仄则，测侧策恻厕册，瑟塞涩色，庶遮者这，车扯，蛇舍射社等。

6.“u”混入“ou”

湖北境内有一部分地方把“u”读作“ou”，也是湖北方言的特色之一。例如：“肚、读”读作“dou”。

主要地域：

（1）武昌、汉口、汉阳、汉川、黄陂、新洲；仙桃、京山（东）、天门（东）、潜江（东）、洪湖（部分）、公安（部分）、宣恩、来凤；竹山、竹溪、郧西、郧县、十堰、房县；襄樊、枣阳、随州。

（2）广水、安陆、应城、云梦、孝感、黄冈、大悟、红安、鄂州、麻城、罗田、英山、浠水、黄梅、蕲春。

（3）嘉鱼、赤壁、通城、崇阳、临利、石首等。

例如：督毒读渎独赌肚度渡杜，秃突徒屠图涂凸土吐兔；卢炉虏鲁路露鹿陆录戮，逐竹烛筑嘱瞩助，初刍锄楚础畜触，梳蔬熟孰叔赎淑数蜀属辱，足租座族祖组；苏酥俗朔素诉宿速粟肃夙。

7.湖北方言的［ʮ］［ɥ］类韵母

ü、u类韵母读作［ʮ］［ɥ］类韵母，也是湖北方言特色之一。主要地域：

（1）ü、u读作［ʮ］的主要是鄂东一带：黄冈、孝感、安陆、大悟、云梦、广水、应城、罗田、英山、麻城、红安、浠水、蕲春、武穴、新洲、黄陂和竹溪等。

（2）ü、u读作［ɥ］的主要地域：京山、监利、天门（部分）、洪湖（石码头）、石首（团山）等地。

例如：

①零声母的［ʮ］［ɥ］类字：于迂淤盂予虞娱余愚隅俞愉瑜鱼渔宇雨语羽与禹御驭裕郁昱，曰悦越粤月阅（鄂东为［ʮæ］），渊冤元园圆喜辕猿垣源员援远院愿媛怨苑，云芸耘纭郧心殒陨允运晕愠熨蕴韵酝孕。

②zh、z组后，由ü韵类韵母变来的［ʮ］［ɥ］类韵母：局枸句驹菊桔矩举局运拒炬具锯剧聚，区岖驱趋明屈渠取聚支趣，吁虚须需徐许栩序叙絮绪蓄恤续。

③zh、z组后，由u类韵母变来的［ʮ］［ɥ］类韵母：朱株珠蛛猪诸主煮注住柱蛀驻铸著，出除厨处储杵，书殊枢输暑署鼠墅恕庶树述术。

④其他：（鄂东）决缺穴捐圈宣均群训等。

8. üe（iao，ü）读作［yo］

湖北境内绝大多数地方把普通话的 üe（iao，ü）在方言中读作“io”［yo］，例如：“学”读作［ɕyo］；“脚”读作［tɕyo］。

例如：①约乐，虐谑疟，略掠，却确鹊榷层，学削（剥削）。

②钥药，觉爵嚼，角脚。

③浴欲狱。

9. ian 混入 in

湖北境内部分地方把 ian 读作 in。例如：“电”读作“din”或作（diən）。主要地域：

（1）京山（大部）、潜江、天门（皂市、芦市、净潭）、监利。

（2）孝感，应城，云梦。

例如：钦尖潜渐检验淹炎厌盐焰，剑欠严腌，掂店点甜添念兼廉嫌，篇编辨骗棉免面连联煎剪箭溅浅千迁钱线谚，建言健建宪堰，边扁遍片面颠典天电垫田年莲千前先肩见研贤显现烟燕宴。

第四节　朗读的基本技能

对普通话的学习，最根本的目标是培养用普通话进行听、说、读、写的基本技能。而读的内容则包括字、词、句、篇。

朗读的基本技能则包括字调、轻声和重音、停顿和语速、语调和句调等方面。

一、字调

声调主要是音节的音高变化，由于汉语中一个音节就是一个汉字，所以声调也叫字调。

声调既有区别义的作用，也是形成语音节律的重要因素。普通话的四个声调，调型是“平调、升调、曲折调、降调”。例如：“山、明、水、秀”、“桌、识、笔、客”，在语流中会形成语音的抑扬，交错使用时，会有起伏跌宕的语感美。

我国古代律诗、词曲的写作讲究平仄的变化。古代汉语中的“平、上、去、入”四个调类，“平”指平声字，“仄”指上声字、去声字、入声字。由于平声字读音较为平直、舒缓，声音相对较长，而上声字、去声字升降变化比较明显，尤其是入声字，字音短促。这样，由于“平”声长而平直，“仄”声短而升降明显，加上用韵等因素，平仄字相间时，读起来字音就会有高低起伏的节奏变化。

现代诗文写作中，已不再讲究平仄，但声调仍是普通话最重要的韵律特征之一，如果在语言应用中能注意到声调的节律美，读者的语言交际、朗读或演讲，也会收到一定的表达效果。

二、轻声和重音

普通话的轻声和重音也是普通话语音的重要韵律特征。

1. 轻声

普通话词语中，有些字音由于受前边音节的影响，会读成一种既轻且短的调子，这就是轻声，或称“轻音”。例如：“萝卜、妈妈、他的、好吧”，其第二音节都是轻音。

轻音是一种特殊的音变现象，它不是一个独立的调类，书写时也不标调。

轻音的形成，主要是受前边“重音”的影响，自身的音高和音长发生了一定变化，有的轻音的韵母或声母也会有变化，这样，失去本调的音节就变成了一种轻短模糊的调子。

普通话的轻音现象同词语的语义和语用都有密切关系，轻音有区别词义、词性的作用，在词语认读和语言交际，对词音和语词也会产生一定的影响。轻音音色的变化，除其前的音节读得长而重外，轻音的韵母也常会“弱化”或“脱落”，例如：“歌”和“豆腐”。有的声母会“浊化”。

(1) 词轻音。词轻音主要出现在较为固定的词结构形式中，即所谓的“轻声词”中。这种轻音有较明显的规律，主要是：

①一部分名词、代词、动词的词缀或方位词。例如：

孩子 盼头/他们 人们 怎么 什么/觉得 值得/地上 家里 外面

②语句中的语气助词、结构助词和动态助词读作轻音。例如：

你呀 行啊 说吧/白的看书的/慢慢地 跳得高 躺着 看着

③动词、形容词后的趋向词语。例如：

落下去 探出来 带上/红起来（了） 高兴起来（了）

④叠音名词、重叠动词的第二音节，或嵌在动词、形容词中的“一、不”等。例如：

爸爸 星星/听听 看看 学习学习/听一听 学不学 热不热

⑤一些常用的双音节词的第二音节。例如：

太阳 月亮 云彩 庄稼 意思 灯笼 力量 出息 漂亮 困难 咳嗽 养活 招呼 商量 结实 明白 母亲 学生 指甲 耳朵

(2) 句轻音。句轻音是语流中句子的某些词语读得较轻的语音现象，这种轻音，在语句中出现较少，是一种“变读”轻音。例如：

①听了这句话，真会把我气死。

②都十八九岁了，还这么不稳重。

③盼望着，盼望着，东风来了，春天的脚步近了。（朱自清《春》）

④艺术家们的青春，只会献给尊敬他们的人。（王文杰《可爱的小鸟》）

⑤那时，我对自己遗憾得要命，对丽娜羡慕得要命。（艾菲《我不再羡慕》）

⑥水手们撵它，它不走……（王文杰《可爱的小鸟》）

以上六例中加“.”的词语都是句轻音。这些词语，在其他语境中，或作为一个词时，都有自己的本调读法，但这里则要轻读。例如：“盼望”如果作为一个词，“望”比“盼”读得要重，但这里反而读作轻音。

2. 重音

普通话词语中重读的音节就是重音。重音主要是音强的作用，字音的调型和调值一般不会改变，但在特殊语境中，字音的绝对音高也会发生一定的变化。普通话的重音也有词重音和句重音的区别，但句重音是主要的重音形式。

(1) 句重音。普通话的句重音是语流中句子的某些词语读得较重的语音现象，这种重音没有固定格式，一种语流中“变读”的重音。句重音主要有语法重音和逻辑重音两种形式。

①语法重音。在词句中，有些句子成分较其他句子成分。往往会读得稍重一些，这就是语法重音。语法重音的主要规律是：

a. 结构简单的主谓句的谓语成分。例如：山朗润起来了，水涨起来了……（朱自清《春》）

b. 述宾结构的宾语成分。例如：大白狗变成红的了，红公鸡变成金的了……（萧红《火烧云》）

c. 中心语前表性状的定语成分，或是表示性状、程度的状语成分以及表示程序或结果的补语成分等。例如：

海燕像黑色的闪电，高傲地飞翔……（高尔基《海燕》）

船开了……缓缓地流到河中间去。（巴金《小鸟的天堂》）

树叶儿却绿得发亮，小草也青得逼你的眼。（朱自清《春》）

d. 表示疑问的疑问代词或用于区别事物的指示代词。例如：

……是他们自己逃走了吧，现在又到了哪里呢？（朱自清《匆匆》）

……我就是这样学会游泳的。（华宣飞《放牛的日子》）

②逻辑重音：逻辑重音也叫“强调”重音，它主要是根据文章、话语的语义或情感的需要，把句中的某些词语读得重一些，例如：

a. 妈妈最喜欢吃鱼头。（别人不喜欢）

b. 妈妈最喜欢吃鱼头。（比别人更甚之）

c. 妈妈最喜欢吃鱼头。（不喜欢做）

d. 妈妈最喜欢吃鱼头。（不喜欢吃鱼尾）

以上四例，由于重音的位置不同，意思也不同。逻辑重音比一般重音要强烈一些，多用于强调突出某种情感或意义，由于使用逻辑重音，可以引起句调的上扬和字音动程的延长，因而有较好的调整语音节奏的作用。如高尔基的《海燕》一文的结束，“让暴风雨来得更猛烈些吧!”一句中使用逻辑重音，使情感得到突出，也使全文达到了高潮。

(2) 词重音。普通话的词重音是和词轻音、词中音（词中音的问题后边再详谈）相比较而言的，它们总是出现在相对固定的词语形式中，且要“配对”出现的。例如：

先生　朋友　云彩　哥哥　我的　走了/天上　地下　外边　那里　看看/男子　工人

以上词例的第一音节均为重读音节，而第二音节则是轻音。例如：

国家　海军　出版　西红柿/同志们/孩子们

以上词例中加点的音节也是重读音节。

3. 普通话词语的轻重音格式

在结构比较固定的普通话词语形式中，词语读音有轻重的差异。由于它们有比较固定的结构形式，因而也就有比较明显的规律可循。而掌握这些规律——轻重音格式，在“字词认读”中对有效把握词的轻重音量，准确地表达语义有一定的方便。

（1）词音的轻重等级。

普通话词音的轻重与音量大小有关。一般来说，词音按音量大小，有重音、轻音、中音三个等级。轻音一般总是与重音相伴。例如：“妈妈、帽子、我呢、白的、太阳”中的前一音节为重音，后一音节为轻音。“中音”也是与重音相伴，“阅读、花生、鸟笼、困惑”这些词例的第二音节都读重音，其前边的音节则是“中音”——读得不轻不重的音。

（2）词语的常见轻重音格式。

①重·轻式：前重后轻。例如：

妈妈　苦头/我们　他的/地上　外边/躺着　说吧/秋天　诗人　女士　手艺/看不看　去一下　钻出来　孩子们　看上去　笼子里　探出来　钻出来　为什么　这时候

②中·重式：后边较重，前边不重不轻。前一音节为中音，后一音节为重音，这是普通话双音节词的基本格式。例如：

增长　山岭　所在　从此　偶尔　船舷　物品　酿制　感谢　相处　赔偿　忧伤

③中·轻·重式：前一音节为中音，中间的音节为轻音，后一 音节为重音。例如：

葡萄灰　茄子紫　机器房　紫水晶　公务员　图书馆

④中·重·轻式：前一音节为中音，中间的音节为重音，后一音节为轻音。例如：

小家伙　水手们　老大娘　草坪上　偷偷地　绿绿的

⑤中·轻·中·重式：第一个音节为中音，第二个音节为轻音，第三个音节为中音，第四个音节为重音。例如：

斑斑驳驳　红得可爱　云的海洋　春水淙淙　绰绰有余　热热闹闹

需要指出的是：词语的轻重音格式，只反映着普通话词语在认读时的一些规律；但在语流中则会有许多变化，句重音和句轻音等都属于这种变化。因此，在普通话教学中，应强调词语读音在语流中的轻重音变化，不应过分强调“词语认读的轻重音格式”。

4. 句重音、句轻音与词重音、词轻音的比较

（1）两者出现的条件不同。句重音、句轻音是语流中变读的“重音”或“轻音”，词重音、词轻音是有比较固定的词（语）形式中的“重音”或“轻音”。

（2）重音、中音、轻音是相比较而言的。句重音、词重音的出现都是与相邻的词语相比较而言的。句重音的音量要视语境而定。例如：

①这个人太不像话了！（一般的不满时）

②这个人太不像话了！（极端恼怒时）

例①是一般的重音。例②的“太”，由于是“极端恼怒时”的重音，音强加强，词音节的调型不变，但绝对音高可能变化，达到“失声”的程度。

词重音则不同，词重音的音量总是重于“轻音”、“中音”，但音强均衡，在不同词语中也不会有明显变化。

句轻音与词轻音相比较，句轻音的音量比较稳定。词轻音，特别是所谓“轻声词”中的轻音，是比较典型的“轻短调子”，音量更显得弱一些，有时韵母、声母会发生音变。

（3）语流中会发生“重叠”现象。例如：“我的”的前一音节为重音，后一音节为轻音。在“这是我的（书）?”一句话中，“我”既是句重音，又是词重音。这种情况也是常见的。

（4）词重音与句轻音有矛盾现象，就是说，以词的轻重音格式看应当重读的音，在句子中有时不仅不能重读，还会有轻化现象。

三、停顿和语速

1. 停顿

停顿就是词句间的停歇。语言交际或朗读、演讲中，为了自然准确地表达语义，或要突出强调某种意思，需要停顿；句子长了，为了换气，为了清晰显示语句的脉络，需要有适当的停顿；停顿还可以控制语速，调整语句的节奏。停顿一般有句逗停顿、语法停顿、强调停顿等几种形式。

（1）句逗停顿。句逗停顿是按语句中的标点符号进行的停顿，一般是句号停顿时间长，分号次之，逗号较短，顿号最短等。句逗停顿有两种情况，一个是句子内部的停顿，大体依不同标点符号的应停时间长短进行停顿。例如：

一切都像刚睡醒的样子，｜欣欣然，｜张开了眼。‖山朗润起来了，｜水涨起来了，｜太阳的脸，｜红起来了。‖

另一种情况是从整个篇章考虑，文章的标题，作者的姓名后，应有明显的停顿。而一般句子后的句号（或问号），停顿时间要短于自然段后的停顿时间，自然段的停顿时间又短于“层次”或“段落”的停顿时间等。例如：朱自清的《春》，标题《春》之后，有明显的停顿“‖”，作者姓名之后也有停顿“‖”，而第一自然即为一个段落，停顿时间较长，为“‖”，第七自然段后为“‖”。（｜，‖，‖表示停顿时间的长短，“｜”最短，“‖”较长，“‖”最长）｜

（2）语法停顿。语法停顿是按句子内部的语法结构关系的停顿。这种停顿很短促，在句子结构复杂或句子较长时，为了明确句子结构关系，更好地辨明语义，或调整气息，常常要使用语法停顿。语法停顿主要有以下一些情形：

①主语或谓语比较长，或是两者都比较长时。例如：

a. 剧烈的疼痛｜使得巴尼只觉得眼前一片黑暗。（沈亚刚《难以想象的抉择》）

b. 但十七岁的我｜应该理解父母的苦心……（曹展《雪花飘呀飘……》）

②结构较长、较复杂的宾语与述语之间。例如：

……我叫他别放手，但他却说｜是应该放手的时候了。（《父亲的爱》）

③结构关系较为复杂的定语、状语的内部及与中心语之间，或时间、处所状语与中心语之间。例如：

a. 我更加赞美建窝筑巢的｜那些不辞辛劳｜又具有奉献精神的燕子。（钦文《神奇的燕子洞》）

b. 就是他领导美国人民｜为了自由｜为了独立｜浴血奋战，赶走了统治者。（《上将与下士》）

c. 我在加拿大学习期间｜遇到过两次募捐，那情景至今使我难以忘怀。（青白《捐诚》）

（3）强调停顿。为了突出强调某一种特殊的意思或情感所进行的停顿叫作强调停顿，或叫逻辑停顿。这种停顿或在没有标点处停顿，或在有标点处停顿，但停顿时间会稍长一些。例如：

① 盼望着，盼望着，东风来了，春天的脚步｜近了。（朱自清《春》）

②临终前，她拉着我们兄妹四人的手，眼里流露出的尽是爱，‖她为了我们，没有怨气，倾泻给我们的｜是全部的爱。（马如琴《小河》）

③让暴风雨来得｜更猛烈些吧！（高尔基《海燕》）

例②的停顿，会使语句具有浓重的感情色彩。例③的停顿，具有突出强调性，使语句更富有激情。

2. 语速

语速指朗读说话时的快慢速度。语速可以影响文章节奏的变化和情感表达的效果，因而在朗读、演讲和语言交际中有重要作用。

语速和文章的体裁有关，一般来说，议论文的语速要慢些，记叙文要稍快些，这是就文章的整个基调而言的。但语速主要取决于文章的具体内容和要表达的情感。例如：表达“沉重、悲伤”的事情语速要慢，表达“紧张、急促、热烈、愉快”的内容时，要快一点等。

语速大体可以分作“快速、慢速、中速”三种情况。

（1）语速的几种类型。

①慢速。讲述比较悲伤的、庄重的内容，用于表达悲凉、沉重的心情。例如：

a. 读小学的时候，我的外祖母过世了。外祖母生前最疼爱我，我无法排除自己的忧伤，每天在学校的操场上一圈又一圈地跑着……（林消云《和时间赛跑》）

b. 就在那年秋天，母亲离我们去了，小弟弟一生下来不哭也不动，也追随母亲去了……（马如琴《小河》）

②快速。用于叙述或描写紧张、急剧变化的事情或场面，表达紧张或欢乐的心情，语速应适当放快些。例如：

a. ……一会儿翅膀碰着海浪，一会儿箭一般地直冲云霄，它叫喊着，——在这鸟儿勇敢的叫喊里，乌云听到了欢乐。（高尔基《海燕》）

b. ……他们一会儿游入水底，在水中捉迷藏，一会儿游出水面，泼水打伏。我好羡慕他们呀。(马如琴《小河》)

③中速。语句的内容和情感没有什么明显的起伏变化，或是讲述、说明事实，或是描写“不大动情感”的事物。例如：

a. 对于一个在北平住惯的人，像我，冬天要是不刮风，便觉得是奇迹；济南的冬天是没有风声的……(老舍《济南的冬天》)

b. 夕阳落山不久，西方的天空，正燃烧着一层橘红色的晚霞。大海也被这光染成了红色……(峻青《海滨仲夏夜》)

(2) 语速的选择和变化。

朗读或演讲中，语速的选择是必不可少的。一般而言，议论文、说明文这样的文章体裁，其语速稍慢些，而散文、诗歌语速稍快。但即便是同一篇文章，由于语句内容的不同或情感的变化，语速也应当作些调整，根据文章内容，适当地进行变化。朗读或谈话中，一味地快，一味地慢，一味地“ 中速”，都是不可取的。

四、语调和句调

一句话或话语中的某一片段在声音上的高低、快慢变化等，就是语调。语调和语句的句调、停顿、高低、轻重、快慢等都有关，也就是说，语调是语音的韵律特征在话语中的集中体现。但语调中最主要的东西是句调，句调是整个句子声音高低升降的变化。句子要准确地表达一种语意，就要采用相应的句调形式。例如：要表示疑问，“你去哪儿?”句调要上扬，而表示肯定的“他来了。”则要用平调。

句调的变化和句子里重读的音节有关，主要是音强起作用，和音高、音长也有一定关系。但有的句子，其重读的音节，在调型不变的前提下，字词的绝对音高也会有一定变化。

1. 句调的四种形式

普通话的句调大致有升调、降调、曲折调和平调四种形式。

(1) 升调。升调的特点是句子中、后部有重读音节，带动整个句子句调上扬。表达疑问、反问、号召等语意的句子常用升调。例如：

①你们爱吃花生么?(许地山《落花生》)

②难道你看不出我是这里的下士吗?(《上将与下士》)

③让暴风雨来得更猛烈些吧!(高尔基《海燕》)

(2) 降调。降调主要用来表示感叹、肯定、请求、同意等语意。降调的特点是前部平直，后部下降。例如：

①人生会有多少个第一次啊!(孙继梓译《第一次》)

②(哟，雏儿!)正是这小家伙!(冯骥才《珍珠鸟》)

③……请你过来一下!(爱薇《一言既出》)

(3) 曲折调。句子或先升后降，或先降再升，就是曲折调。这种句调一般用来表示讥讽、含蓄、怀疑等情感或语义。例如：

①铁匠……就向我喊："用不着那么快呀，孩子，反正你到学校总是挺早的。"（都德《最后一课》）

②会不会是他已经表达了而我却未能察觉？（艾尔玛·帮贝克《父亲的爱》）

（4）平调。整个语句大体保持平直的调子。平调一般用于叙述性、说明性的语句中，表达平淡、严肃、庄重的情感，情感没有明显起伏。

①今天说的这个故事，是明朝时候的事。（《连升三级》）

②……纪念他在辛亥革命时期，领导人民推翻帝制、建立共和国的丰功伟绩。（毛泽东《纪念孙中山》）

2. 方言对普通话语调的影响

就句调而言，普通话的句调与方言句调并无明显差异，因为句调的抑扬，往往与句子中的重读音节有关，这对于普通话和方言来说是一样的。例如："你要找谁？"其中"谁"重读，句子上扬，北京话、郑州话、武汉话都是如此。但普通话语调从根本上区别于任何一种语言和方言，这是因为语调的构成除了句调，还是语速、节奏、长短音、轻重音、语气词等多种因素，并且是上述因素的有机配合。实际上方言区讲普通话的人，多多少少都有方言语调的显露。其主要是以下几个方面。

（1）"连音"和"减音"现象。普通话语流的语速、节奏有自身特点，而方言随意性大，语速一般都比较快，有时几个字音"紧密"连在一起，这就是"连音"现象。平时不讲普通话，或普通话水平不高，在朗读和谈话时，往往会把方言中的"连音"形式带进普通话语流。连音引起语句语速突然加快，使节奏忽快忽慢，有时某些字还会"减音"，类似北京话的"不知道"几乎成了"不道"。

（2）轻重音的失误。普通话的轻重音有较为固定的格式，而且连读中一些字音还常有轻化倾向。方言区的人讲用普通话，往往因轻重音把握失当而产生"方言语调"。例如：

我知道太阳要从那天际升起来了，便目不转睛地望着那里。（巴金《海上的日出》）

例句中的"着那里"应读轻音，而一般人往往忽略了。

（3）句末字音对句调的影响。口语中，一句话末尾的字音常会显露方言痕迹而影响句调的变化。这是因为，句前、句中的音节相互有"约束力"，而句末的"音节"则比较自由，因而更容易受到方言的影响。例如：

你走得太慢了！

句中的"慢"，在普通话中是去声调，而武汉话中的"慢"，调值是35。因而，讲普通话的武汉人常把武汉方言"慢"的35调值带入普通话，结果"慢"读成34调值，就这句话而言，句调便有了细微的上扬变化。

3. 语调与腔调的区别

语调与腔调是两个完全不同的概念。语调和腔调在以下三个方面明显不同。

（1）构成因素不同。普通话语调的构成因素是句调、语速、停顿、轻重音、语气词、字音长短等，这些因素相互配合，形成了普通话的语调（方言亦然）。

普通话腔调的构成因素主要是声调，也包括声韵调组合动程，与轻（重）音也有一定关系。普通话声调连续形式体现着普通话整体性的语音特征——普通话腔调。就一句话而言，例如："这是一本书。"北京话、郑州话、武汉话、长沙话的句调形式基本不同，但如果用上述四种方言话读这句话，却体现了腔调完全不同的四种方言的语音特色。

（2）依附的载体不同。语调必须依附于完整的句子、句群或段落等，脱离了句子，语调就不存在了。而普通话或一种方言的整体性语音特征——腔调，不仅可以在句子中也可以在语言片段中体现。

五、朗读示例

《致　橡　树》

舒　婷

我｜如果//爱你——
绝不像｜攀援的//凌霄花，
借你的高枝｜炫耀自己；
我｜如果//爱你——
绝不学｜痴情的//鸟儿，
为绿荫｜重复单纯的//歌曲；
也不止｜像泉源，
常年｜送来//清凉的//慰藉；
也不止｜像险峰，
增加//你～的高度，衬托//你～的威仪。
甚至//日光
甚至//春雨。
不～，这些｜都还不够！
我｜必须是｜你近旁的//一株木棉，
做为//树的形象｜和你站在一起。

（符号说明："｜"表示停顿一拍；"//"表示停顿二分之一拍；"﹏"表示读重音；"～"表示声音的延长。）

这首诗从内容上看，是女性对爱情的一种宣言，从整个基调上来讲，应高声、激昂、坚定。

第 1 行，是一个假设，读得缓慢深沉。第 2、3 行，是对第一个假设的一个肯定回答，语速加快，声调提高，语气坚决。第 4 行，是假设的第 2 个层次，读时与第一行一样，读出层次。第 5、6 行，是第二个肯定回答，基本上与第 2、3 行相同，但声调稍稍降低、放松。第 7～10 行，继续为 11～13 蓄势，因此基调与第 5、6 行基本一致，但要注意单双行的变化。第 11、12 行，声调提高，情感激昂。第 13 行，"不"声调再提高，是整段文字的最高音，近乎一种呐喊。"这些都还不够"，读得铿锵有力，用决然的态度否定以上种种。第 14、15 行，是作者的心声，是作者的希望，希望女性是一个独立的自我。尽管声调低于第 13 行，但气势不减速，语气更坚定。

再如朱自清的《背影》(片断):

我｜看见他｜戴着//黑布小帽，穿着｜黑布大马褂，深青布棉袍，蹒跚地｜走到//铁道边，慢慢探身下去，尚不大难。可是｜他穿过铁道，要爬上那边月台，就不容易了。他｜用两手//攀着上面，两脚｜向上缩；他肥胖的身子｜向左微倾，显出努力的样子，这时｜我//看见他的背影，我的泪｜很快地｜流下来了。

这段文字描写父亲在家庭遭受变故的情况下，临别前，爬过铁道为儿子买橘子时的背影。因此，语速要慢，语调更深沉，声音要有张有弛，感情基调是悲凉的，充满无可奈何的忧伤。其中饱含父亲的一片爱子之心。

第五节　普通话朗读训练

一、作品朗读的"提示符号"说明

为帮助学习者搞好朗读训练，编者在部分作品中添加了一些"提示符号"供学习者进行训练时参考。

(1) 重音符号"．"，轻音符号"。"。

(2) 停顿符号为"｜"。朗读时声音中断而气息相连，用于无标点符号处短暂停顿。

二、作品朗读24篇

【作品1号】

在船上，为了看日出，我特地[1]起个大早。那时天还没有亮，周围是很寂静[2]的，只有机器房的声音。

天空变成了浅蓝色，很浅很浅的；转眼间｜天边出现了一道红霞，慢慢儿[3]扩大了它的范围，加强了它的光亮。我知道[4]｜太阳要从那天际升起来了，便目不转睛地[5]望着那里。

果然，过了一会儿[6]，在那里就出现了太阳的一小半，红是红得很，却没有光亮。这太阳像负着什么[7]重担似的[8]，慢慢儿，一步一步地，努力向上面升起来，到了最后，终于冲破了云霞，完全跳出了海面。那颜色真红得可爱。一刹那[9]间，这深红的东西[10]，忽然发出夺目的光亮，射得人眼睛[11]发痛，同时｜附近的云也添了光彩。

有时｜太阳走入云里，它的光线却仍[12]从云里透射下来，直射到水面上。这时候[13]，人要分辨出何处是水，何处是天，很不容易，因为只能够看见光亮的一片。

有时｜天边有黑云，而且云片很厚。太阳出来了，人却不能够看见它。然而太阳在黑云里放射出光芒，透过黑云的周围，替黑云镶[14]了一道光亮的金边，到后来才慢慢儿透出重围，出现在天空，把一片片黑云变成了紫云或红霞。这时候，光亮的不仅是太阳、云和海水，连我自己也成了光亮的了。

这不是//很伟大的奇观么？

(《海上的日出》，选自《巴金文集》，共407字。)

语音提示

[1] 特地 tè dì　[2] 寂静 jì jìng
[3] 慢慢儿 màn mànr　[4] 知道 zhī dào
[5] (目不转睛) 地 de　[6] 一会儿 yī huìr
[7] 什么 shén me　[8] 似的 shì de
[9] 一刹那 yī chā nà　[10] 东西 dōng xī
[11] 眼睛 yǎn jīng　[12] 仍 réng
[13] 时候 shí hòu　[14] 镶 xiāng

补充提示

1. 周围 zhōu wéi　2. 声音 shēng yīn　3. 升 shēng
4. 果然 guǒ rán　5. 那里 nà li　6. 出现 chū xiàn
7. 一小半 yī xiǎo bàn　8. 重担 zhòng dàn　9. 努力 nǔ lì
10. 起来 qǐ lái　11. 终于 zhōng yú　12. 深红 shēn hóng
13. 透射 tòu shè　14. 容易 róng yì　15. 能够 néng gòu

【作品 2 号】

没有一片绿叶，没有一缕炊烟，没有一粒泥土，没有一丝花香，只有水的世界，云的海洋。

一阵台风袭过[1]，一只孤单的小鸟无家可归，落到被卷到洋里的木板上，乘[2]流而下，姗姗而来，近了，近了！……

忽然，小鸟张开翅膀[3]，在人们头顶盘旋了几圈，"噗啦"[4]一声落到了船上。许是累了？还是发现了"新大陆"？水手撵[5]它｜它不走，抓它，它乖乖地[6]落在掌心。可爱的小鸟和善良的水手｜结成[7]了朋友[8]。瞧，它多美丽，娇巧的小嘴，啄[9]理着绿色的羽毛，鸭子样的扁脚，呈现出春草的鹅黄。水手们把它带到舱里，给它"搭铺"，让它在船上安家落户，每天，把分到的一塑料[10]筒淡水｜匀给它喝，把从祖国带来的鲜美的鱼肉｜分给它吃，天长日久，小鸟和水手的感情｜日趋笃厚[11]。清晨，当第一束[12]阳光射进舷窗[13]时，它便敞开美丽的歌喉，唱啊[14]唱，嘤嘤[15]有韵，婉如青水淙淙[16]。人类给它以生命，它毫不悭吝[17]地｜把自己的艺术青春奉献给了哺育[18]它的人。可能都是这样？艺术家们的青春｜只会献给尊敬他们的人。

小鸟给远航生活蒙上了一层浪漫色调[19]，返航时，人们爱不释手，恋恋不舍地想把它带到异乡。可小鸟憔悴[20]了，给水，不喝！喂肉，不吃！油亮的羽毛失去了光泽。是啊[21]，我//们有自己的祖国，小鸟也有它的归宿，人和动物都是一样啊[22]，哪儿[23]也不如故乡好！

慈爱的水手们决定放开它，让它回到大海的摇篮去，回到蓝色的故乡去。离别前，这个大自然的朋友｜与水手们留影纪念。它站在许多人的头上，肩上，掌上，胳膊[24]上，与喂养过它的人们，一起融进那蓝色的画面……

(王文杰《可爱的小鸟》，节选自《散文》1981 年 7 月号，共 514 字。)

语音提示

[1] 袭过 xí guò
[2] 乘 chéng
[3] 翅膀 chìbǎng
[4] 噗啦 pū lā
[5] 撵 niǎn
[6] 乖乖地 guāi guāi de
[7] 结成 jié chéng
[8] 朋友 péng yǒu
[9] 啄 zhuó
[10] 塑料 sù liào
[11] 笃厚 dǔ hòu
[12] 束 shù
[13] 舷窗 xián chuāng
[14] 啊 nga
[15] 嘤嘤 yīng yīng
[16] 淙淙 cóng cóng
[17] 悭吝 qiān lìn
[18] 哺育 bǔ yù
[19] 色调 sè diào
[20] 憔悴 qiáo cuì
[21] 啊 ia
[22] 啊 na
[23] 哪儿 nǎr
[24] 胳膊 gē bó

补充提示

1. 一片 yī piān
2. 一缕 yì lǚ
3. 小鸟 xiǎo niǎo
4. 姗姗 shān shān
5. 头顶 tóu dǐng
6. 盘旋 pán xuán
7. 善良 shàn liáng
8. 小嘴 xiǎo zuǐr
9. 春草 chūn cǎo
10. 搭铺 dā pù
11. 敞开 chǎng kāi
12. 奉献 fèng xiàn
13. 尊敬 zūn jìng
14. 爱不释手 ài bù shì shǒu
15. 恋恋不舍 liàn liàn bù shě
16. 留影 liú yǐng
17. 纪念 jì niàn

【作品 3 号】

真好！朋友[1]送我一对珍珠鸟。放在一个简易的 1 竹条编成的笼子里，笼内还有一卷干草，那是小鸟儿[2]舒适又温暖的巢[3]。

有人说，这就是一种怕人的鸟。

我把它挂在窗前。那儿[4]还有一大盆异常茂盛的法国吊兰。我便用吊兰长长的、串生着小绿叶的垂蔓[5] | 蒙盖的鸟笼上，它们就像躲进深幽的丛林一样安全；从中传出笛儿[6]般又细又亮的叫声，就格外轻松自在[7]了。

阳光从窗外射入、透过这里，吊兰那些无数指甲[8]状的小叶，一半成了黑影，一半被照透，如同碧玉；斑斑驳驳[9]；生意葱茏[10]。小鸟的影子 | 就在这中间隐约闪动，看不完整，有时连笼子也看不出，却见它们可爱的鲜红小嘴儿[11] | 从绿叶中伸出来。

我很少扒开叶蔓瞧它们，它们便渐渐敢伸出小脑袋[12] | 瞅瞅[13]我。我们就这样一点点熟悉了。

三个月后，那一团愈发[14]繁茂的绿蔓里边，发出一种尖细又娇嫩的鸣叫。我猜到，是它们有了雏儿[15]。我呢？决不掀开叶片往里看，连添食加水时 | 也不睁[16]大好奇的眼 | 去惊动它们。过不多久，忽然有一个更小的脑袋 | 从叶间探出来。哟，雏儿！正是这小家伙[17]！

它小，就能轻易地 | 由疏格的笼子钻出身。瞧，多么[18]像它的父母：红嘴 | 红脚，蓝灰色的毛，只是后//背 | 还没生出珍珠似的[19]圆圆的白点；它好肥，整个身子好像

一个蓬松的球儿[20]。

（节选自冯骥才《珍珠鸟》，《人民日报》1984 年 2 月 14 日，共 430 字。）

语音提示

[1] 朋友 péngyou　　[2] 小鸟儿 xiǎo niǎor
[3] 巢 cháo　　[4] 那儿 nà r
[5] 垂蔓 chuíwàn　　[6] 笛儿 dí· ér
[7] 自在 zìzai　　[8] 指甲 zhǐ jiǎ
[9] 斑斑驳驳 bān bān bó bó　　[10] 葱茏 cōng lóng
[11] 嘴儿 zuǐr　　[12] 脑袋 nǎo dài
[13] 瞅瞅 chǒu chou　　[14] 愈发 yù fā
[15] 雏儿 chúr　　[16] 睁 zhēng
[17] 家伙 jiā huo　　[18] 多么 duō me
[19] 似的 shì de　　[20] 球儿 qiú ér

补充提示

1. 珍珠鸟 zhēn zhū niǎor　2. 竹条 zhú tiáo　3. 笼子里 lóng zǐ li
4. 舒适 shū shì　5. 茂盛 mào shèng　6. 蒙盖 méng gài
7. 深幽 shēn yōu　8. 丛林 cóng lín　9. 熟悉 shou xī
10. 娇嫩 jiāo nèn　11. 好奇 hào qí　12. 惊动 jīng dòng
13. 轻易 qīng yì　14. 钻出 zuān chū　15. 蓬松 péng sōng

【作品 4 号】

起先，这小家伙[1]只在笼子四周活动，随后就在屋里飞来飞去，一会儿[2]落在柜顶上，一会儿神气十足地[3]站在书架上，啄[4]着书背上｜那些大文豪的名字[5]；一会儿把灯绳撞得来回摇动，跟着逃到画框上去了。只要大鸟儿[6]在笼里生气地叫一声，它立即飞回笼里去。

我不管它。这样久了，打开窗子，它最多只在窗框上站一会儿，决不飞出去。

渐渐它胆子大了，就落在我书桌上。

它先是离我较远，见我不去伤害它，便一点点挨近，然后蹦[7]到我的杯子上，俯下头来喝茶，再偏过脸｜瞧瞧[8]我的反应。我只是微微一笑，依旧写东西[9]，它就放开胆子跑到稿子上，绕着[10]我的笔尖蹦来蹦去；跳动的小红爪子[11]｜在纸上发出嚓嚓响。

我不动声色地写，默默享受着这小家伙亲近的情意。这样，它完全放心了。索性用那涂了蜡似的[12]、角质的小红嘴，“嗒嗒”啄着我颤动的笔尖。我用手抚一抚它细腻[13]的绒毛，它也不怕，反而友好地啄两下我的手指。

白天，它这样淘气地陪伴我；天色入暮，它就在父母再三的呼唤声中，飞向笼子，扭动滚圆的身子，挤开那些绿叶｜钻进去。

有一天，我伏案写作时，它居然落到我的肩上。我手中的笔不觉停了，生怕惊跑它。呆一//会儿，扭头看，这小家伙竟趴在我的肩头｜睡着了……

我笔尖一动，流泻下一时的感受；

信赖，往往创造出美好的境界。

（节选自冯骥才《珍珠鸟》，《人民日报》1984年2月14日，共455字。）

语音提示

[1] 小家伙 xiǎo jiā huor
[2] 一会儿 yī huìr
[3] 神气十足地 shén qì shí zú de
[4] 啄 zhuó
[5] 名字 míng zi
[6] 鸟儿 niǎor
[7] 蹦 bèng
[8] 瞧瞧 qiáo qiao
[9] 东西 dōng xi
[10] 绕着 rào zhe
[11] 爪子 zhuǎ zi
[12] 似的 shì de
[13] 细腻 xì nì

补充提示

1. 四周 sì zhōu
2. 柜顶 guì dǐng
3. 灯绳 dēng shéng
4. 画框 huà kuāng
5. 书桌 shū zhuō
6. 伤害 shāng hài
7. 挨近 āi jìn
8. 反应 fǎn yìng
9. 索性 suǒ xìng
10. 嘴儿 zuǐr
11. 颤动 chàn dòng
12. 绒毛 róng máo
13. 手指 shǒu zhǐ
14. 扭动 niǔ dòng
15. 创造 chuàng zào

【作品5号】

盼望着，盼望着，东风来了，春天的脚步近了。

一切都像刚睡醒的样子，欣欣然张开了眼。山｜朗润起来了，水｜涨起来[1]了。太阳的脸｜红起来了。

小草｜偷偷地从土里钻出来，嫩嫩的，绿绿的。园子里，田野里，瞧去，一大片一大片满是的。坐着，躺着，打两个滚[2]，踢几脚球，赛几趟跑，捉几回迷藏。风｜轻悄悄的，草｜软绵绵的。

……

“吹面不寒杨柳风”，不错的，像母亲的手抚摸着你。风里带来些新翻的泥土的气息，混着[3]青草味儿[4]，还有各种花的香，都在微微湿润的空气里酝酿[5]。鸟儿[6]将巢安在繁花绿叶当中，高兴起来了，呼朋引伴地卖弄清脆的喉咙，唱出宛转[7]的曲子，跟轻风流水应和着[8]。牛背上牧童的短笛，这时候[9]也成天嘹亮地响着。

雨｜是最寻常的，一下就是三两天。可别恼。看，像牛毛，像花针，像细丝，密密地斜织着，人家屋顶上｜全笼着一层薄烟[10]。树叶儿｜却绿得发亮，小草儿｜也青得逼你的眼。傍晚时候，上灯了，一点点黄晕[11]的光，烘托出一片安静而和平的夜。在乡下，小路上，石桥边，有撑起伞慢慢走着的人，地里还有工作的农民，披着[12]蓑[13]｜戴着笠。他们的房屋，稀稀疏疏的，在雨里静默着。

天上风筝[14]渐渐多了，地上孩子也多了。城里乡下，家家户户，老//老小小，也赶趟儿[15]似的[16]，一个个都出来了。舒活舒活筋骨，抖擞[17]抖擞精神，各做各的一份儿[18]事去。“一年之计在于春”，刚起头儿[19]，有的是[20]工夫[21]，有的是希望。

春天｜像刚落地的娃娃[22]，从头到脚都是新的。它生长着。

春天｜像小姑娘[23]，花枝招展的，笑着，走着。

春天｜像健壮的青年，有铁一般的胳膊[24]和腰脚，领着我们上前去。

（朱自清《春》，节选自《朱自清文集》，共519字。）

语音提示

[1] 涨起来 zhǎng qǐ lái　[2] 滚 gǔnr
[3] 混着 hùn zhe　[4] 味儿 wèir
[5] 酝酿 yùn niàng　[6] 鸟儿 niǎo ér
[7] 宛转 wǎn zhuǎn　[8] 应和着 yìng hè zhe
[9] 时候 shí hòu　[10] 薄烟 bó yān
[11] 黄晕 huáng yūn　[12] 披着 pī zhe
[13] 蓑 suō　[14] 风筝 fēng zhēng
[15] 赶趟儿 gǎn tàngr　[16] 似的 shì de
[17] 抖擞 dǒu sǒu　[18] 份儿 fènr
[19] 头儿 tóur　[20] 有的是 yǒu de shì
[21] 工夫 gōng fū　[22] 娃娃 wá wá
[23] 姑娘 gū niáng　[24] 胳膊 gē bó

补充提示

1. 东风 dōng fēng　2. 春天 chūn tiān　3. 张开 zhāng kāi
4. 钻 zuān　5. 嫩嫩的 nèn nèn de　6. 迷藏 mí cáng
7. 抚摸 fǔ mō　8. 软绵绵 ruǎn mián mián　9. 泥土 ní tǔ
10. 湿润 shī rùn　11. 卖弄 mài nòng　12. 寻常 xún cháng
13. 恼 nǎo　14. 笼着 lǒng zhe　15. 筋骨 jīn gǔ
16. 花枝招展 huā zhī zhāo zhǎn　17. 青年 qīng nián

【作品6号】

朋友[1]｜即将远行。

暮春时节，又邀了几位朋友在家小聚。虽然都是极熟的朋友，却是终年难得一见，偶尔电话里相遇，也无非是几句寻常话。一锅小米稀饭，一碟大头菜，一盘自家酿制[2]的泡菜，一只巷口买回的烤鸭，简简单单，不像请客，倒像家人团聚。

其实，友情也好，爱情也好，久而久之｜都会转化为亲情。

说也奇怪，和新朋友会谈文学、谈哲学、谈人生道理等等，和老朋友却只话家常，柴米油盐，细细碎碎，种种琐事[3]。很多时候[4]，心灵的契合[5]｜已经不需要太多的言语来表达。

朋友新烫了个头，不敢回家见母亲，恐怕惊骇[6]了老人家[7]，却欢天喜地来见我们，老朋友｜颇能以一种趣味性的眼光欣赏这个改变。

年少[8]的时候，我们差不多都在为别人而活，为苦口婆心的父母活，为循循善诱[9]的师长活，为许多观念、许多传统的约束力而活。年岁逐增，渐渐挣脱[10]外在的限制与束缚[11]，开始懂得为自己活，照自己的方式做一些自己喜欢的事，不在乎[12]别人的批评意见，不在乎别人的诋毁流言，只在乎那一份随心所欲的舒坦[13]自然。偶尔，也能够纵容自己放浪一下，并且有一种恶作剧的窃喜。

……

就让生命顺其自然，水到渠成吧，犹如窗前的//乌桕[14]，自生自落之间，自有一份圆融丰满的喜悦。春雨轻轻落着，没有诗，没有酒，有的｜只是一分相知相属[15]的自在[16]自得。

夜色的笑语中｜渐渐沉落，朋友起身告辞，没有挽留，没有送别，甚至也没有问归期。

已经过了大喜大悲的岁月，已经过了伤感流泪的年华，知道[17]了聚散原来是这样的自然和顺理成章，懂得这点，便懂得珍惜每一次相聚的温馨[18]，离别便也欢喜。

（节选自杏林子《朋友和其他》，《台湾散文选萃》，共540字。）

语音提示

［1］朋友 péng yǒu（下同）　［2］酿制 niàng zhì
［3］琐事 suǒ shì　［4］时候 shí hòu
［5］契合 qì hé　［6］惊骇 jīng hài
［7］老人家 lǎo rén jiā　［8］年少 nián shào
［9］循循善诱 xún xún shàn yòu　［10］挣脱 zhèng tuō
［11］束缚 shù fù　［12］在乎 zài hū
［13］舒坦 shū tǎn　［14］乌桕 wū bǎi
［15］相属 xiāng shǔ　［16］自在 zì zài
［17］知道 zhī dào　［18］温馨 wēn xīn

补充提示

1. 即将 jí jiāng　2. 终年 zhōng nián　3. 转化 zhuǎn huà
4. 亲情 qīn qíng　5. 哲学 zhé xué　6. 家常 jiā cháng
7. 颇 pō　8. 欣赏 xīn shǎng　9. 差不多 chà bù duō
10. 约束力 yuē shù lì　11. 逐增 zhú zēng
12. 随心所欲 suí xīn suǒ yù　13. 纵容 zòng róng
14. 自然 zì rán　15. 沉落 chén luò
16. 顺理成章 shùn lǐ chéng zhāng　17. 聚散 jù sàn

【作品7号】

我们家的后园｜有半亩空地[1]，母亲说："让它荒着怪可惜的，你们那么[2]爱吃花生，就开辟出来种花生吧。"我们姐弟几个都很高兴，买种[3]，翻地，播种[4]，浇水，没过几个月，居然收获了。

母亲说："今晚我们过一个收获节，请你们父亲｜也来尝尝[5]我们的新花生，好不好？"我们都说好。母亲把花生做成了好几样食品，还吩咐[6]｜就在后园的茅亭里过这个节。

晚上[7]天色不太好，可是父亲也来了，实在很难得。

父亲说："你们爱吃花生么？"

我们争着答应："爱！"

"谁能把花生的好处说出来？"

姐姐[8]说："花生的味美。"

哥呵[9]说："花生可以榨油。"

我说："花生的价钱[10]便宜[11]，谁都可以买来吃，都喜欢吃。这就是它的好处。"

父亲说："花生的好处很多，有一样最可贵：它的果实埋在地里[12]，不像桃子[13]、石榴[14]、苹果那样，把鲜红嫩绿的果实｜高高地[15]挂在枝头上，使人一见就生爱慕之心。你们看｜它矮矮地长在地上，等到成熟了，也不能立刻分辨出来｜它有没有果实，必须挖出来才知道[16]。"

我们都说是，母亲也点点头。

父亲接下去说："所以｜你们要像花生，它虽然[17]不好看，可是很有用，不是外表好看而没有实有的东西[18]。"

我说："那么，人要做有用的人，不要做只讲体面，而对别人没有好处的人。"//

父亲说："对。这是我对你们的希望。"

我们谈到夜深才散。花生做的食品都吃完了，父亲的话｜却深深地印在我的心上。

（许地山《落花生》，共 445 字。）

语音提示

[1] 空地 kòng dì	[2] 那么 nà me
[3] 买种 mǎi zhǒng	[4] 播种 bō zhòng
[5] 尝尝 cháng cháng	[6] 吩咐 fēn fù
[7] 晚上 wǎn shàng	[8] 姐姐 jiě jiě
[9] 哥哥 gē gē	[10] 价钱 jià qián
[11] 便宜 pián yí	[12] 地里 dì li
[13] 桃子 táo zǐ	[14] 石榴 shí liú
[15] 高高地 gāo gāo de	[16] 知道 zhī dào
[17] 虽然 suī rán	[18] 东西 dōng xī

补充提示

1. 花生 huā shēng	2. 开辟 kāi pì	3. 收获 shōu huò
4. 食品 shí pǐn	5. 父亲 fù qīn	6. 茅亭 máo tíng
7. 难得 nán dé	8. 争着 zhēng zhe	9. 答应 dā yìng
10. 好处 hǎo chù	11. 炸油 zhà yóu	12. 苹果 píng guǒ
13. 嫩绿 nèn lǜ	14. 成熟 chéng shú	15. 实用 shí yòng
16. 体面 tǐ miàn	17. 别人 bié rén	

【作品 8 号】

晚饭过后，火烧云上来了。霞光照得小孩子的脸红红的。大白狗变成了红的了，红公鸡变成金的了，黑母鸡变成紫檀色[1]的了。喂猪的老头儿[2]在墙根靠着，笑盈盈地看着他的两头小白猪变成小金猪了。他刚想说："你们也变了……"旁边走来一个乘凉[3]的人，对他说："您老人家[4]必要高寿，您老｜是金胡子。"

天空的云｜从西边一直烧到东边，红彤彤的，好像是天空着了火[5]。

这地方[6]的火烧云｜变化极多，一会儿[7]红彤彤的，一会儿金灿灿的，一会儿半紫半黄，一会儿半灰半百合色。葡萄灰，梨黄，茄子紫，这些颜色天空都有，还有些说也说不出来、见也没见过的颜色。

一会儿，天空出现一匹马，马头向南，马尾向西。马是跪着的，像是在等着有人骑到它背上，它才站起来似的[8]。过了两三秒钟，那匹马大起来，马腿伸开了，马脖子也长大了，一条马尾巴[9]可不见了。看的人正在寻找马尾巴，那匹马就变模糊[10]了。

忽然又来了一条大狗。那条狗十分凶猛，它在前边跑着，后边似乎还跟着好几条小狗。跑着跑着，小狗不知道跑到哪里去了，大也不见了。

接着又来了一条大狮子，跟庙门前的大石头狮子一模一样[11]，也是那么[12]大，也是那样蹲着[13]，很威武//很镇静地蹲着。可是一转眼就变了。要想再看那头大狮子，怎么也看不到了。

一时恍恍惚惚[14]的，天空里又像这个，又像那个，其实什么[15]也不像，什么也看不清了。可是天空偏偏不等待那些爱好它的孩子。一会儿工夫[16]，火烧云下去了。

（萧红《火烧云》，共 492 字。）

语音提示

[1] 紫檀色 zǐ tán sè　　[2] 老头儿 lǎo tóur
[3] 乘凉 chéng liáng　　[4] 老人家 lǎo rén jiā
[5] 着了火 zháo le huǒ　　[6] 地方 dì fāng
[7] 一会儿 yī huìr　　[8] 似的 shì de
[9] 尾巴 wěi bā　　[10] 模糊 mó hū
[11] 一模一样 yì mú yí yàng　　[12] 那么 nà me
[13] 蹲着 dūn zhe　　[14] 恍恍惚惚 huǎng huǎng hū hū
[15] 什么 shén me　　[16] 工夫 gōng fū

补充提示

1. 变成 biàn chéng　　2. 小白猪 xiǎo bái zhū　　3. 高寿 gāo shòu
4. 一直 yī zhí　　5. 金灿灿 jīn càn càn　　6. 等着 děng zhuó
7. 站起来 zhàn qǐ lái　　8. 伸开 shēn kāi　　9. 寻找 xún zhǎo
10. 凶猛 xiōng měng　　11. 似乎 shì hū　　12. 镇静 zhèn jìng
13. 一转眼 yī zhuǎn yǎn　　14. 其实 qí shí　　15. 爱好 ài hào

【作品 9 号】

这是入冬以来，胶东半岛上第一场雪。

雪纷纷扬扬，下得很大。开始还伴着一阵儿[1]小雨，不久就只见大片大片的雪花，从彤[2]云密布的天空中飘落下来。地面上一会儿[3]就白了。冬天的山村，到了夜里就万籁俱寂[4]，只听得雪花簌簌[5]地｜不断往下落，树木的枯枝被雪压断｜了，偶尔咯吱[6]一声响。

大雪整整下了一夜。今天早晨，天放晴了，太阳出来了。推开门一看，嗬！好大的雪啊[7]！山川、河流、树木、房屋，全都罩上了一层厚厚的雪，万里江山，变成了粉妆玉砌[8]的世界。落光了叶子的柳树上｜挂满了毛茸茸亮晶晶的银条儿；而那些冬夏常青的松树和柏树[9]上，则挂满了蓬松松沉甸甸雪球儿[10]。一阵风吹来，树枝轻轻地摇晃，美丽的银条儿和雪球儿簌簌地落下来，玉屑[11]似的[12]雪末儿[13]随风飘扬，映着清晨的阳光，显出一道道五光十色的彩虹。

大街上的积雪足有一尺多深，人踩上去，脚底下[14]发出咯吱咯吱的响声。一群群孩子在雪地里堆雪人，掷[15]雪球。那欢乐的叫喊声，把树枝上的雪都震落下来了。

俗话说，"瑞雪兆丰年"。这个话有充分的科学根据，并不是一句迷信的成语。寒冬大雪，可以冻死一部分越冬的害虫；融化了的水渗[16]进土//层深处，又能供应[17]庄稼[18]生长的需要。我相信｜这一场十分及时的大雪，一定会促进明年春季作物，尤其是小麦的丰收。有经验的老农把雪比做是"麦子的棉被"。冬天"棉被"盖得越厚，明春麦子就长得越好，所以又有这样一句谚语[19]："冬天麦盖三层被，来年枕着馒头[20]睡"。

我想，这就是人们为什么[21]把及时的大雪称为"瑞雪"的道理吧。

（竣青《第一场雪》，共 526 字。）

语音提示

[1] 一阵儿 yī zhènr
[2] 彤 tóng
[3] 一会儿 yí huìr
[4] 万籁俱寂 wàn lài jù jì
[5] 簌簌地 sù sù de
[6] 咯吱 gē zhī
[7] 啊 ya
[8] 粉妆玉砌 fěn zhuāng yù qì
[9] 柏树 bǎi shù
[10] 雪球儿 xuě qiúr
[11] 玉屑 yù xiè
[12] 似的 shì de
[13] 雪末儿 xuě mòr
[14] 底下 dǐ xià
[15] 掷 zhì
[16] 渗 shèn
[17] 供应 gōng yìng
[18] 庄稼 zhuāng jià
[19] 谚语 yàn yǔ
[20] 馒头 mán tou
[21] 什么 shén me

补充提示

1. 开始 kāi shǐ
2. 压断 yā duàn
3. 山川 shān chuān
4. 罩上 zhào shàng
5. 柳树 liǔ shù
6. 亮晶晶 liàng jīng jīng
7. 积雪 jī xuě
8. 树枝 shù zhī
9. 俗话 sú huà
10. 瑞雪 ruì xuě
11. 充分 chōng fèn
12. 融化 róng huà
13. 生长 shēng zhǎng
14. 及时 jí shí
15. 经验 jīng yàn

【作品 10 号】

我们的船｜渐渐地逼近榕树了。我有机会看清它的真面目：是一棵大树，有数不清的丫枝[1]，枝上又生根，有许多根一直垂到地上，伸进泥土里。一部分树枝垂到水面，从远处看，就像一棵大树斜躺在水面上一样。

现在正是枝繁叶茂的时节。这棵榕树好像在把这的全部生命力｜展示给我们看。那么[2]多的绿叶，一簇[3]堆在另一簇的上面，不留一点缝隙[4]。翠绿的颜色明亮地在我们的眼前闪耀，似乎每一片树叶上｜都有一个新的生命在颤动，这美丽的南国的树！

船在树下泊[5]了片刻，岸上很湿，我们没有上去。朋友[6]说这里是“鸟的天堂”，有许多鸟在这棵树上做窝，农民不许人去捉它们。我仿佛听见几只鸟扑翅的声音，但是等到我的眼睛[7]注意地看那里时，我却看不见一只鸟的影子。只有无数的树根立在地上，像行多根木桩。地是湿的，大概涨潮时｜河水常常冲上岸去。“鸟的天堂”里没有一只鸟，我这样想道。船开了，一个朋友拨着船，缓缓地流到河中间去。

第二天，我们划着船到一个朋友的家乡去，就是那个有山有塔的地方[8]。从学校出发，我们又经过那“鸟的天堂”。

这一次是在早晨，阳光照在水面上，也照在树梢[9]上。一切都//显得非常光明。我们的船也在树下泊了片刻。

起初四周围非常清静。后来｜忽然起了一声鸟叫。我们把手一拍，便看见一只大鸟飞了起来，接着又看见第二只，第三只。我们继续拍掌，很快地｜这个树林就变得热闹[10]了。到处都是鸟声，到处都是鸟影。大的，小的，花的，黑的，白的。站在枝上叫，有的飞起来，在扑翅膀。

……

（节选自巴金《小鸟的天堂》，共521字。）

语音提示

[1] 丫枝 yā zhī [2] 那么 nà me
[3] 簇 cù [4] 缝隙 fèng xì
[5] 泊 bó [6] 朋友 péng yǒu
[7] 眼睛 yǎn jīng [8] 地方 dì fāng
[9] 树梢 shù shāo [10] 热闹 rè nào

补充提示

1. 榕树 róng shù 2. 数不清 shǔ bù qīng 3. 远处 yuǎn chù
4. 水面 shuǐ miàn 5. 生命力 shēng mìng lì 6. 展示 zhǎn shì
7. 翠绿 cuì lǜ 8. 明亮 míng liàng 9. 闪耀 shǎn yào
10. 颤动 chàn dòng 11. 南国 nán guó 12. 湿 shī
13. 无数 wú shù 14. 木桩 mù zhuāng 15. 涨潮 zhāng cháo
16. 常常 cháng cháng 17. 冲 chōng 18. 起初 qǐ chū
19. 清静 qīng jìng 20. 拍掌 pāi zhǎng 21. 鸟影 niǎo yǐng

【作品 11 号】

读小学的时候[1]，我的外祖母过世了。外祖母生前最疼爱我，我无法排除自己的忧伤，每天在学校的操场上一圈[2]又一圈地跑着，跑得累倒在地上，扑在草坪上痛哭。

那哀痛的日子[3]，继继续续的持续了很久，爸爸[4]妈妈[5]也不知道[6]如何安慰[7]我。他们知道｜与其骗我说外祖母睡着了[8]，还不如对我说实话：外祖母永远不会回来了。

“什么[9]是永远不会回来呢?”我问着。

“所有时间里的事物，都永远不会回来。你的昨天过去，它就永远变成昨天，你不能再回到昨天。爸爸以前也和你一样小，现在也不能回到你这么[10]小的童年了；有一年你会长大，你会像外祖母一样老；有一天你度过了你的时间，就永远不会回来了。”爸爸说。

爸爸等于给我一个谜语，这谜语比课本上的｜“日历挂在墙壁，一天撕去一页，使我心里着急[11]”｜和“一寸光阴一寸金，寸金难买寸光阴”还让我感到可怕；也比作文上的｜“光阴似箭，日月如梭”｜更让我觉得[12]有一种说不出的滋味。

……

时间过得那么[13]飞快，使我的小心眼里[14]｜不只是着急，而是悲伤。有一天我放学回家，看到太阳，快落山了，就下决心说：“我要比太阳更快地回家。”我狂奔回去，站在庭院前喘气的时候，看到太阳//还露着半边脸，我高兴地跳跃[15]起来，那一天我跑赢了太阳。以后我就时常做那样的游戏，有时和太阳赛跑，有时和西北风比快，有时一具暑假才能做完的作业，我十天就做完了；那时我三年级，常常把哥哥[16]五年级的作业拿来做。

每一次比赛胜过时间，我就快乐得不知道怎么[17]形容。

……

如果｜将来我有什么要教给我的孩子，我会告诉[18]他：假如你一直和时间比赛，你就可以成功!

(（台湾）林清云《和时间赛跑》，《读者文摘》1987年第11期，共547字。)

语音提示

[1] 时候 shí hòu	[2] 圈 quān
[3] 日子 rì zǐ	[4] 爸爸 bà bà
[5] 妈妈 mā mā	[6] 知道 zhī dào
[7] 安慰 ān wèi	[8] 睡着了 shuì zháo le
[9] 什么 shén me	[10] 这么 zhè me
[11] 着急 zháo jí	[12] 觉得 jué de
[13] 那么 nà me	[14] 心眼里 xīn yǎn li
[15] 跳跃 tiào yuè	[16] 哥哥 gē gē
[17] 怎么 zěn me	[18] 告诉 gào sù

补充提示

1. 忧伤 yōu shāng	2. 操场 cāo chǎng	3. 草坪 cǎo píng
4. 持续 chí xù	5. 与其 yǔ qí	6. 等于 děng yú
7. 日历 rì lì	8. 滋味 zī wèi	9. 庭院 tíng yuàn
10. 狂奔 kuáng bēn	11. 喘气 chuǎn qì	12. 露着 lòu zhe
13. 赢 yíng	14. 暑假 shǔ jià	15. 形容 xíng róng

【作品 12 号】

在我依稀记事的时候[1]，家中很穷，一个月难得吃上[2]一次鱼肉。每次吃鱼，妈妈[3]先把鱼头夹在自己碗里，将鱼肚子[4]上的肉夹下，极仔细地[5]捡去很少的几根大刺，放在我碗里，其余的便是父亲的了。当我也吵着要吃鱼头时，她总是说：

“妈妈喜欢[6]吃鱼头。”

我想，鱼头一定很好吃的。有一次父亲不在家，我趁妈妈盛饭[7]之际，夹了一个，吃来吃去，觉得[8]没鱼肚子上的肉好吃。

那年外婆从江北到我家，妈妈买了家乡很金贵的鲑鱼[9]。吃饭时，妈妈把本属于我的那块鱼肚子上的肉，夹进了外婆的碗里。外婆说：

“你忘啦？妈妈最喜欢吃鱼头。”

外婆眯缝[10]着眼，慢慢地挑去那几根大刺，放进我的碗里，并说：“孩子，你吃。”

接着，外婆就夹起鱼头，用没牙的嘴，津津有味地嗍[11]着，不时吐[12]出一根根小刺。我一边吃着没刺的鱼，一边说：“怎么[13]妈妈的妈妈也喜欢吃鱼头？”

29 岁上，我成了家，另立门户。生活好了，我俩[14]经常买些鱼肉之类的好菜。每次吃鱼，最后剩下的，总是几个无人问津的鱼头。

而立之年，喜得千金。转眼女儿也能自己吃饭了。有一次午餐，妻子夹了一块鱼肚子上的肉，极麻利地[15]捡去大刺，放在女儿的碗里。自己却夹起了鱼头。女儿见状//也吵着要吃鱼头。妻说：

“乖孩子，妈妈喜欢吃鱼头。”

谁知女儿说什么[16]也不答应[17]，非要吃不可。妻无奈[18]，好不容易从鱼肋边挑出点没刺的肉来，可女儿吃了马上吐出来，连说不好吃，从此再不要吃鱼头了。

打那以后，每逢吃鱼，妻便将鱼肚子上的肉夹给女儿，女儿总是很艰难地用汤匙[19]切下鱼头，放进妈妈的碗里，很孝顺地说：

“妈妈，您吃鱼头。”

打那以后，我悟出了一个道理：

女人作了母亲，便喜欢吃鱼头了。

（陈运松《妈妈喜欢吃鱼头》，《散文》1991 年第 5 期，共 556 字。）

语音提示

[1] 时候 shí hòu　　[2] 吃上 chī shang
[3] 妈妈 mā mā　　[4] 肚子 dù zǐ
[5] 仔细地 zǐ xì de　　[6] 喜欢 xǐ huān
[7] 盛饭 shèng fàn　　[8] 觉得 jué de
[9] 鲑鱼 guī yú　　[10] 眯缝 mī fèng
[11] 嗍 suō　　[12] 吐 tǔ
[13] 怎么 zěn me　　[14] 俩 liǎ
[15] 麻利地 má lì de　　[16] 什么 shén me
[17] 答应 dá yìng　　[18] 无奈 wú nài
[19] 汤匙 tāng chí

补充提示

1. 夹 jiā　　2. 肉 ròu　　3. 吵着 chǎo zhe
4. 趁 chèn　　5. 那年 nà nián　　6. 属于 shǔ yú
7. 另立门户 lìng lì mén hù　　8. 经常 jīng cháng　　9. 剩下 shèng xià
10. 女儿 nǚ ér　　11. 鱼肋边 yú lèibiān　　12. 逢 féng
13. 艰难 jiān nán　　14. 孝顺 xiào shùn　　15. 悟出 wù chū

【作品 13 号】

小学的时候[1]，有一次我们去海边远足，妈妈[2]没有做便饭，给了我十块钱买午餐。好像走了很久，很久，终于到海边了，大家坐下来便吃饭，荒凉的海边没有商店，我一个人跑到防风林外面去，级任老师｜要大家把吃剩的饭菜分给我一点。有两三个男生｜留下一点给我，还有一个女生，她的米饭拌了酱油，很香。我吃完的时候，她笑咪咪地[3]看着我，短头发[4]，脸圆圆的。

她的名字[5]叫翁香玉。

每天放学的时候，她走的｜是经过我们家的一条小路，带着一位比她小的男孩[6]，可能是弟弟[7]。小路边是一条清澈[8]见底的小溪，两旁竹荫覆盖，我总是远远地跟在她后面[9]，夏日的午后[10]特别炎热，走到半路她会停下来，拿手帕在溪水里浸湿[11]，为小男孩擦脸。我也在后面停下来，把肮脏[12]的手帕｜弄湿了擦脸，再一路远远跟着她回家。后来｜我们家搬到镇上去了，过几年｜我也上了中学。有一天放学回家，在火车上，看见斜对面一位短头发、圆圆脸的女孩，一身素净[13]的白衣黑裙。我想｜她一定不认识[14]我了。火车很快到站了，我随着人群挤向门口，她也走近了，叫我的名字。这是她第一次和我说话。

她笑咪咪的，和我一起走过月台。以后就没有再见过//她了。

这篇文章｜收在我出版的《少年心事》这本书里。

书出版后半年，有一天｜我忽然收到出版社转来的一封信，信封上是陌生[15]的字迹[16]，但清楚地写着我本名。

信里面说｜她看到了这篇文章心里非常激动，没有想到在离开家乡，漂泊[17]异地这么[18]久之后，会看见自己仍然[19]在一个人的记忆里，她自己也深深记得｜这其中的每一幕，只是没有想到｜越过遥远的时空，竟然另一个人也深深记得。

……

（苦伶《永远的记忆》，《青年文摘》1993 年第 2 期，共 547 字。）

语音提示

[1] 时候 shí hòu　　[2] 妈妈 mā mā
[3] 笑咪咪地 xiào mī mī de　　[4] 头发 tóu fà
[5] 名字 míng zì　　[6] 孩 háir
[7] 弟弟 dì di　　[8] 清澈 qīng chè
[9] 后面 hòu miàn　　[10] 午后 wǔ hòu
[11] 浸湿 jìn shī　　[12] 肮脏 āng zāng
[13] 素净 sù jìng　　[14] 认识 rèn shí

[15] 陌生 mò shēng　　[16] 字迹 zì jì
[17] 飘泊 piāobó　　[18] 这么 zhè me
[19] 仍然 réng rán

补充提示

1. 防风林 fáng fēng lín　2. 吃剩 chī shèng　3. 男生 nán shēng
4. 小溪 xiǎo xī　5. 竹荫 zhú yīn　6. 覆盖 fù gài
7. 炎热 yán rè　8. 手帕 shǒu pà　9. 小溪 xiǎo xī
10. 弄 nòng　11. 擦脸 cā liǎn　12. 女孩 nǚ háir
13. 文章 wén zhāng　14. 出版社 chūbǎn shè　15. 竟然 jìng rán

【作品 14 号】

出差在外，在一农家借宿一夜，放亮时又踏上了一段新路。一阵积水响，老大娘追出来，拿着一把她女儿的小花伞："带上……"看她那慈祥的目光，霎时[1]，我像听见了｜母亲的叮咛[2]。

路上果然下了大雨，许多人在树下店旁躲着。我撑开那把伞，照旧走着，一种说不清｜却感人至深的温暖和情感｜洋溢[3]在我的周围。

途中的一天晚上，我在招待所翻书，读到一篇《母性》的文章：

我和太太[4]在马来西亚槟榔屿[5]｜参加一个游览团体。向导带我们到像胶园参观割胶。一个男童爬上一棵椰树，正打算用弯刀割下一个椰子[6]，他母亲便在附近房子里叫嚷。

我告诉[7]太太："她说'孩子，小心啊[8]，别把手指割掉'。"

向导惊讶地[9]问："原来你懂马来话。"

我答："我不懂。不过我了解母亲的叮咛。"

出差回单位后，我把自己伞下的感受｜和这则故事[10]说给一位长辈听，他的眼睛[11]似乎[12]有些湿润。他说他的母亲早已过世，但母亲那句"好好[13]工作，注意身体"的嘱咐[14]，一句最平常不过的话，伴随他走过了风风雨雨四十年，成了母亲最珍贵的遗产。

我感动至极。想起了我的母亲。小时候[15]去上学时，她总在我出门时｜给我整理好凌乱[16]的衣服[17]，轻轻地叮咛："走好，听老师话。"

又是一//个雨天，我骑车去约会。中华门城堡下，刚认识[18]不久的女友｜走到我身边，轻轻地掀下我雨披[19]的帽子："看你热得，快把雨披脱下来。"原来，雨早已停了，我额上全是汗。空气清新得很，吸入肺腑[20]的全是温馨[21]。

想到每次约会结束[22]，我推着自行车准备走的时候，她忘不了说一句："骑好｜，晚上早一点休息[23]"。于是我认可她了，因为没有爱心的人，是不会为别人着想[24]的。

（言者《轻轻的一声叮咛》，《羊城晚报》1991 年 8 月 27 日，共 538 字。）

语音提示

[1] 霎时 shà shí　　[2] 叮咛 dīng níng
[3] 洋溢 yáng yì　　[4] 太太 tài tài

[5] 槟榔屿 bīng láng yǔ [6] 椰子 yē zǐ
[7] 告诉 gào sù [8] 小心啊 xiǎo xīn na
[9] 惊讶地 jīng yà de [10] 故事 gù shì
[11] 眼睛 yǎn jīng [12] 似乎 sì hū
[13] 好好 hǎo hǎo [14] 嘱咐 zhǔ fù
[15] 时候 shí hòu [16] 凌乱 líng luàn
[17] 衣服 yī fú [18] 认识 rèn shí
[19] 雨披 yǔ pī [20] 肺腑 fèi fǔ
[21] 温馨 wēn xīn [22] 结束 jié shù
[23] 休息 xiū xī [24] 着想 zhuó xiǎng

补充提示

1. 出差 chū chāi 2. 借宿 jiè sù 3. 积水 jī shuǐ
4. 老大娘 lǎo dà niáng 5. 追出来 zhuī chū lái 6. 慈祥 cí xiáng
7. 听见 tīng jiàn 8. 撑开 chēng kāi 9. 照旧 zhào jiù
10. 说不清 shuōbù qīng 11. 感人至深 gǎn rén zhì shēn
12. 温暖 wēn nuǎn 13. 招待所 zhāo dài suǒ 14. 打算 dǎ suàn
15. 叫嚷 jiào rǎng 16. 手指 shǒu zhǐ 17. 湿润 shī rùn
18. 平常 píng cháng 19. 整理 zhěng lǐ 20. 清新 qīng xīn

【作品 15 号】

燕子去了，有再来的时候[1]；杨柳枯了，有再青的时候；桃花谢了，有再开的时候。但是，聪明的你告诉[2]我，我们的日子为什么[3]一去不复返呢？——是有人偷了他们罢[4]：那是谁？又藏在何处呢？是他们自己逃走了罢：现在又到了哪里呢？

去的｜尽管[5]去了，来的｜尽管来着；去来的中间，又怎样地[6]匆匆呢？早上我起来的时候，小屋里射进两三方斜斜的太阳。太阳他有脚啊[7]｜轻轻悄悄地挪移了；我也茫茫然跟着旋转[8]。于是——洗手的时候，日子从水盆里过去[9]；吃饭的时候，日子从饭碗里过去；默默时，便从凝然的双眼前过去。我觉察他去的匆匆了，便出手遮挽时，他又从遮挽着的手边过去；天黑时，我躺在床上，他便伶伶俐俐地从我身上跨过，从我脚边｜飞去了。等我睁开眼和太阳再见，这算又溜走了一日。我掩着面叹息。但是新来的日子的影儿[10]｜又开始在叹息里｜闪过了。

在逃去如飞的日子里，在千门万户的世界里的我｜能做些什么呢？只有徘徊[11]罢了，只有匆匆罢了；在八千多日的匆匆里，除徘徊外，又剩些什么呢？过去的日子如轻烟，被微风吹散了，如薄雾[12]，被初阳蒸融了；我留着些什么痕迹[13]呢？我何曾留着像游丝样的痕迹呢？我赤裸裸来//到这世界，转眼间也将赤裸裸的回去罢？但不能平的，为什么偏白白走这一遭[14]啊？

你聪明的告诉我，我们的日子为什么一去不复返呢？

（朱自清《匆匆》，共 453 字。）

语音提示

[1] 时候 shí hòu
[2] 告诉 gào sù
[3] 什么 shén me
[4] "罢"同"吧" ba
[5] 尽管 jǐn guǎn
[6] 怎样地 zěn yàng de
[7] 脚啊 jiǎo wa
[8] 旋转 xuán zhuǎn
[9] 过去 guò qù
[10] 影儿 yǐng ér
[11] 徘徊 pái huái
[12] 薄雾 báo wù
[13] 痕迹 hén jī
[14] 一遭啊 yī zāo wa

补充提示

1. 聪明 cōng míng
2. 复返 fù fǎn
3. 射进 shè jìn
4. 挪移 nuó yí
5. 凝然 níng rán
6. 觉察 jué chá
7. 遮挽 zhē wǎn
8. 伶伶俐俐 líng líng lì lì
9. 睁开 zhēng kāi
10. 叹息 tàn xī
11. 开始 kāi shǐ
12. 闪过 shǎn guò
13. 吹散 chuī sàn
14. 蒸融 zhēng róng
15. 何曾 hé céng
16. 赤裸裸 chì luǒ luǒ

【作品 16 号】

马路旁的行人道｜比马路要整整高出一个台阶，而他简直还没有满一周岁。

他长着两条细弱的小腿，此刻这两条小腿却怎么[1]也不听使唤[2]，老是哆哆嗦嗦地……但两条脚的主人——小男孩[3]想从马路上登上人行道的愿望｜却十分强烈，而且信心十足。

瞧，那只穿着好看袜子的小脚｜已经抬了起来，踩在了人行道的边沿上，但孩子还没有下定决心｜登上第二只脚，有那么[4]一会儿[5]他就那么站着；一只脚在人行道上，而另一只脚还在原处没动。

然而｜小孩又收回了跨出去的一步，他似乎[6]在积蓄[7]力量[8]，小男孩就这么站着，既不前进也不后退，只是固执地注视着自己的前方。

"还小呢，刚刚能走路，就能跨台阶？"路旁一位头发花白的老奶奶[9]｜啧[10]了啧嘴说，"做大人[11]的要帮他一把。"

而孩子的妈妈[12]｜并没有伸出手去，只是微笑着鼓励说：

"自己上，小乖乖，自己上。"

小脚又一次地踏上了人行道，另一只脚｜也费力地提到了空中，这回可真是憋足了劲。

"加油！加油！"旁边的小姑娘喊着。

终于｜两只脚都站到人行道上去了，这也许是孩子一生中拿下的第一个高地，小胖脸同时绽开了笑容——了不起的胜利！

"好一个登山者！"胡子老爷爷[13]幽默[14]地说，他//摸摸孩子的头，"一开头总是困难[15]的，但现在总算对付[16]过去了。乖孩子，祝你永远向新的高度进军！"

人生会有多少个第一次啊！

（《第一次》，孙继梓译，《父母必读》1992 年第 1 期，共 449 字。）

语音提示

[1] 怎么 zěn me
[2] 使唤 shǐ huàn
[3] 男孩 nán hái
[4] 那么 nà me
[5] 一会儿 yī huìr
[6] 似乎 shì hū
[7] 积蓄 jī xù
[8] 力量 lì liàng
[9] 奶奶 nǎi nǎi
[10] 啧 zé
[11] 大人 dà rén
[12] 妈妈 mā mā
[13] 爷爷 yé yé
[14] 幽默 yōu mò
[15] 困难 kùn nán
[16] 对付 duì fù

补充提示

1. 人行道 rén xíng dào
2. 简直 jiǎn zhí
3. 周岁 zhōu suì
4. 细弱 xì ruò
5. 哆哆嗦嗦 duō duō suō suō
6. 固执 gù zhí
7. 注视 zhù shì
8. 头发 tóu fà
9. 花白 huābái
10. 憋 biē
11. 绽 zhàn
12. 登山者 dēng shān zhě
13. 小姑娘 xiǎo gū niáng
14. 总算 zǒng suàn

【作品 17 号】

自从传言有人在萨文河畔[1]散步时｜无意发现了金子后，这里便常有来自四面八方的淘金者。他们都想成为富翁，于是寻遍了整个河床，还在河床上挖出很多大坑，希望借助它们找到更多的金子。的确，有一些人找到了，但另外一些人｜因为一无所得而只好扫兴归去。

也有不甘心落空的，便驻扎[2]在这里，继续寻找。彼得·弗雷特[3]就是其中一员。他在河床附近｜买了一块没人要的土地，一个人默默地[4]工作。他为了找金子，已把所有的钱｜都押在这块土地上。他埋头苦干了几个月，直到土地全变成了坑坑洼洼，他失望了——他翻遍了整块土地，但连一丁点[5]金子都没看见。

六个月后，他连买面包的钱都没有了。于是他准备离开这儿[6]｜到别处去谋生。

就在他即将离去的前一个晚上，天下了倾盆[7]大雨，并且一下就是三天三夜。雨终于停了，彼得走出小木屋，发现眼前的土地｜看上去好像和以前不一样，坑坑洼洼｜已被大水冲刷平整，松软地土地上｜长出一层绿茸茸的小草。

“这里没找到金子，”彼得忽有所悟地说，“但这土地很肥沃，我可以用来种花，并且拿到镇上｜去卖给那些富人，他们一定会买些花装扮他们华丽的客//厅。如果真是这样的话，那么[8]我一定会赚许多钱，有朝一日｜我也会成为富人……”

于是｜他留了下来。彼得花了不少精力｜培育花苗，不久田地长满了美丽娇艳的各色鲜花。

五年以后，彼得终于实现了他的梦想——成了一个富翁。“我是唯一的一个找到真金的人！”他时常不无骄傲的告诉[9]别人，“别人在这儿找不到金子后｜便远远地离开，而我的‘金子’是在这块土地里，只有诚实的人｜用勤劳才能采集到。”

（《金子》，陶猛译，《解放日报》1991年7月26日，共553字。）

语音提示

[1] 河畔 hé pàn
[2] 驻扎 zhù zhā
[3] 弗雷特 fú léi tè
[4] 默默地 mò mò de
[5] 一丁点 yì dīng diǎnr
[6] 这儿 zhèr
[7] 倾盆 qīng pén
[8] 那么 nà me
[9] 告诉 gào sù

补充提示

1. 传言 chuán yán
2. 富翁 fù wēng
3. 挖出 wā chū
4. 借助 jiè zhù
5. 的确 dí què
6. 扫兴 sǎo xìng
7. 寻找 xún zhǎo
8. 坑坑洼洼 kēng kēng wā wā
9. 冲刷 chōng shuā
10. 松软 sōng ruǎn
11. 绿茸茸 lù róng róng
12. 装扮 zhuāng bàn
13. 客厅 kè tīng
14. 赚 zhuàn
15. 有朝一日 yǒu zhāo yí rì
16. 精力 jīng lì
17. 梦想 mèng xiǎng
18. 诚实 chéng shí
19. 才能 cái néng

【作品18号】

墙壁上，一只虫子在艰难地往上爬，爬到一大半，忽然跌落下来。

这是它又一次失败的记录。

然而，过了一会儿[1]，它又沿着墙根，一步一步地往上爬了。第一个人注视着这只虫子，感叹地说：

“一只小小的虫子，这要的执著[2]、顽强；失败了，不屈服；跌倒了，从头干；真是百折不回啊[3]！

我遭到了一点挫折[4]，我能气馁[5]、退缩、自暴自弃吗？

难道我还不如这只虫子?!”

第二个人注视它，禁不住[6]叹气说：

“可怜的虫子！这样盲目地爬行，什么[7]时候[8]才能爬到墙头呢？

只要稍微改变一个方位，它就能很容易地爬上去；可是它就是不愿反省[9]，不肯看一看。唉——可悲的虫子！”

反省我自己吧：我正在做的那件事｜一再失利，我该学得聪明[10]一点，不能再闷[11]着头蛮干一气了——我是个有头脑的人，可不是虫子。

第三个人询问智者：

“观察同一只虫子，两个人的见解和判断截然相反，得到的启示迥然[12]不同。可敬的智者，请您说说[13]，他们哪一个对呢?”

智者回答:“两个人都对。”

询问者感到困惑:

“怎么[14]会都对呢?

您是不愿｜还是不敢分辨是非呢?”

智者笑了笑，回答道:

“太阳在白天放射光明，月亮在夜晚投洒青辉，——它们是相反的；你能不能告诉[15]我:太阳和月亮，究竟谁是谁非? //

……但是，世界并不是简单的是非组合体。同样观察虫子，两个人所处的角度不同，他们的感觉和判断｜就不可能一致，他们获得的启示｜也就有差异[16]。

你只看到两个人之间的异，却没有看到他们之间的同:他们同样有反省和进取的精神。

形式的差异，往往蕴含[17]着精神实质的一致，表面的相似，倒可能掩蔽[18]着内在的不可调和的对立……”

(伊人《启示的启示》,《读者文摘》1987年第1期，共530字。)

语音提示

[1] 一会儿 yī huìr　　[2] 执著 zhí zhuó
[3] 啊 yā　　[4] 挫折 cuò zhé
[5] 气馁 qì něi　　[6] 禁不住 jīn bú zhù
[7] 什么 shén me　　[8] 时候 shí hòu
[9] 反省 fǎn xǐng　　[10] 聪明 cōng míng
[11] 闷 mēn　　[12] 迥然 jiǒng rán
[13] 说说 shuō shuō　　[14] 怎么 zěn me
[15] 告诉 gào sù　　[16] 差异 chā yì
[17] 蕴含 yùn hán　　[18] 掩蔽 yǎn bì

补充提示

1. 虫子 chóng zǐ　2. 跌落 diē luò　3. 失败 shī bài
4. 退缩 tuì suō　5. 稍微 shāo wēi　6. 头脑 tóu nǎo
7. 究竟 jiū jìng　8. 形式 xíng shì　9. 精神 jīng shén
10. 实质 shí zhì　11. 相似 xiāng sì　12. 内在 nèi zài
13. 对立 duì lì

【作品19号】

很早很早以前，猫并不吃老鼠。

有一只猫和一只老鼠住到了一起。

冬天快到了，它们买了一坛子猪油｜准备过冬吃。老鼠说:“猪油放在家里，我嘴馋[1]，不如藏到远一点的地方[2]去，到冬天再取来吃。”猫说:“行啊[3]。”它们趁天黑，把这坛子猪油｜送到离家十里远的大庙里｜藏起来。

有一天，老鼠突然说："我大姐要生孩子，捎信[4]让我去。"猫说："去吧，路上要小心狗。"

天快黑时，老鼠回来了，肚子吃得鼓鼓的，嘴巴[5]油光光的。猫问："你大姐生了啥呀？""生个白胖小子。"猫又问："起个什么[6]名字[7]？"老鼠转一转眼珠说："叫，叫一层。"

又过了十来天，老鼠又说："我二姐又要生孩子，请我去吃饭。"猫说："早去早回。"老鼠边答应[8]边往外走。

天黑了，老鼠回来了，腆着肚子，满嘴都是油。猫问："你二姐生了啥呀？""生个白胖丫头[9]。""起个什么名字？""叫一半。"

又过了七八天，老鼠又说："我三姐生孩子，请我吃饭。"猫说："别回来晚了。"

天大黑时，老鼠回来了，一进屋带来一股油味，对猫说："我三姐也生了个白胖小子，起名叫见底。"

三九天到了，一连下了三四天的大雪。猫说："快过年了，什么食儿[10]也找不到，明天咱把猪油取回来了吧。"

第二天一早，老鼠走在前边，猫跟在后边，奔[11]大庙走去。

到了大庙里，//猫第一眼就看到｜过梁上满是老鼠的脚印，坛子像被开过。猫急忙打开坛子一看，猪油见底了。猫一下子全明白[12]了，瞪[13]圆双眼大声说："是你给吃见底了？"老鼠刚张口，见猫已经扑过来，就转身跳下地。猫紧追它，眼看就要被猫追上了，一急眼，老鼠钻到砖缝里去了。

后来，老鼠见猫就逃，猫见老鼠就抓。

（《"猫"和"老鼠"》，"容声杯"全国普通话广播大赛规定稿件第 40 号。共 516 字。）

语音提示

[1] 嘴馋 zuǐ chán　　[2] 地方 dì fāng
[3] 啊 ua　　[4] 捎信 shāo xìn
[5] 嘴巴 zuǐ bā　　[6] 什么 shén me
[7] 名字 míng zì　　[8] 答应 dā yìng
[9] 丫头 yā tou　　[10] 食儿 shír
[11] 奔 bèn　　[12] 明白 míng bái
[13] 瞪 dèng

补充提示

1. 老鼠 lǎo shǔ　　2. 猪油 zhū yóu
3. 藏起来 cáng qǐ lái　　4. 转一转 zhuàn yī zhuàn
5. 腆 tiǎn　　6. 啥 shà
7. 油味 yóu wèir　　8. 起名 qǐ míngr
9. 找不到 zhǎo bú dào　　10. 扑过来 pū guò lái
11. 砖缝 zhuān fèng　　12. 抓 zhuā

【作品 20 号】

说来也许你不信。在英国，有一个真实的｜用铁链锁山的故事[1]。

英国威尔斯有个谷口[2]村，村外有座小山。山下有一家酒店、两家快餐店、两个咖啡[3]馆｜和一个书店。由于风吹雨打日晒，小山不时落下石块，威胁着顾客和村民的安全。

一天，村民集合在小山下，看到它摇摇欲坠的样子，担心它｜总有一天要倾倒[4]下来，把村庄压碎。于是经过商量[5]，他们锻铸了一条巨大的粗铁链，把整座小山锁起来。后来，人们称之为｜“锁山艺术”。

没想到这一锁，竟锁了六十年。小山｜再也没有崩下石头[6]，也没有倒塌。

但是，到了 1982 年，本村年轻人对这古老的“锁山艺术”产生了怀疑，他们再一次开会，研究一个防止山塌的新方法。

1983 年 4 月，苏格兰一家专门治理有倒塌危险山石的公司接受了任务，前来协助解决谷口村的难题。该公司采用了村民的传统工艺，耗资一百万英镑，搭起了二百五十英尺高的棚架，在山石上钻了[7]数百个小孔，筑起了二十个山石固定网。这些铁链和铁网，就像一副护身盔甲一样，把摇摇欲坠的小山｜牢牢围住。

1984 年 7 月 19 日早上八点，强烈的地震｜摇动了整个谷口村。当时发生的是里氏五点五级地震，村民以艺术｜远近闻名，竟成了英国一个旅游点。

（裘艺《锁山艺术》，《艺术世界》1986 年第 4 期，共 439 字。）

语音提示

[1] 故事 gù shì　　[2] 谷口 gǔ kǒu
[3] 咖啡 kā fēi　　[4] 倾倒 qīng dǎo
[5] 商量 shāng liáng　　[6] 石头 shí tou
[7] 钻了 zuàn le

补充提示

1. 真实 zhēn shí　　2. 铁链 tiě liàn
3. 锁山 suǒ shān　　4. 遥遥欲坠 yáo yáo yù zhuì
5. 村庄 cūn zhuāng　　6. 压碎 yā suì
7. 锻铸 duàn zhù　　8. 倒塌 dǎo tā
9. 年轻人 nián qīng rén　　10. 产生 chǎn shēng
11. 防止 fáng zhǐ　　12. 治理 zhì lǐ
13. 传统 chuán tǒng　　14. 盔甲 kuī jiǎ
15. 远近闻名 yuǎn jìn wén míng

【作品 21 号】

蓝蓝的天空白云飘，我想飞身上天把这洁白的云轻轻摘下｜献给妈妈[1]，作她的围巾。雪梅峰上雪梅开，我不畏路险风萧萧[2]，也要把雪梅摘下｜献给我伟大的妈妈。

小鸟啾啾[3]细柳枝，春花遍地开。妈妈每在新春之前，总是要为自己定下一个计划，今年要在那亩地开辟一片瓜地，让瓜结得大大的，甜甜的，让儿女们假期美美地[4]吃上好瓜；或者在田硬[5]上种些高粱、玉米，好让儿女们过节能吃上甜甜的高粱饴[6]、香喷喷的玉米棒。妈妈总是想着｜让我们能吃上可口美味的东西[7]，从不说她要吃什么[8]。

全家团圆，妈妈忙前忙后，总像有使不完的劲。儿女们叫妈妈休息[9]一下，妈妈却倔强[10]而喜悦。妈妈虽银丝飘飘，却心明眼睛[11]亮。每每饭后茶余，把我们集中在一起，询问学习、生活、人际关系[12]。我们进步时，妈妈就满脸微笑，温柔地表扬我们；当我们沮丧[13]失落时，妈妈就谆谆[14]教导，循循善诱，犹如春天雨露，滋润着我们的心田。

孩子将要远行，昏暗的灯光下，妈妈手拿针线，密密缝补着孩子的衣服[15]。妈妈眼睛不好，总是缝一针，落[16]两针。她那轻轻的叹息声，飘至我的心中，我总是泪湿枕巾。

离家几千里，每每眺望[17]远方，我似乎看见我的妈//妈站在小山坡上，手搭凉棚，在寻找着，凝视着，盼望儿女们归来。我时时在梦中望见妈妈展开双臂，呼唤着我，向我走来，我跳床而起，向妈妈扑去……

妈妈给了我们坚强的性格，上进的精神，我的妈妈｜是世上最好的妈妈。

（王胜厚《献给母亲的歌》，《人民日报》（海外版）1993 年 12 月 18 日，共 485 字。）

语音提示

[1] 妈妈 mā mā　　[2] 萧萧 xiāo xiāo
[3] 啾啾 jiū jiū　　[4] 美美地 měi měi de
[5] 田埂 tián gěng　　[6] 饴 yí
[7] 东西 dōng xī　　[8] 什么 shén me
[9] 休息 xiū xī　　[10] 倔强 jué jiàng
[11] 眼睛 yǎn jīng　　[12] 关系 guān xì
[13] 沮丧 jǔ sàng　　[14] 谆谆 zhūn zhūn
[15] 衣服 yī fú　　[16] 落 là
[17] 眺望 tiào wàng

补充提示

1. 摘下 zhāi xià　2. 开辟 kāi pì　3. 结得 jiē de
4. 假期 jià qī　5. 高梁 gāo liáng　6. 香喷喷 xiāng pēn pēn
7. 失落 shī luò　8. 循循善诱 xún xún shàn yòu
9. 滋润 zī rùn　10. 枕巾 zhěn jīn　11. 搭 dā
12. 凝视 níng shì　13. 性格 xìng gé　14. 精神 jīng shén

【作品 22 号】

我是山里的孩子，七岁那年，妈妈对我说："你不能再白吃饭了。"她把我带到一头大水牛跟前。于是，我的一段童年｜便和一条用麻线搓成的牛绳｜拴在了一起。

牧童们都喜欢骑到牛背上｜让牛儿[1]驮着[2]走。学军的那头老水牛，颇通人性。谁骑它｜不用爬，只要踩到它的头顶上，再喊一声："伸角！"它便会把头一抬，轻轻地[3]把你送上宽宽的背脊。

最有趣的是在酷暑的中午，带着牛儿去水里游泳。太阳热热地晒着，蝉儿[4]高唱，稻花飘香。为了不弄湿衣裤，我们一律脱光身子，在银色的浪花里嬉戏[5]。会游的，畅快地与水里的牛儿为伴，游来游去，累了｜就爬到牛背上｜让牛驮着游来游去。不会游的，则在水浅的河边，两手支着水底的沙石，或抓着岸边的水草、藤蔓[6]，双脚胡乱地敲击水面，我就是这样学会游泳的。

可是，放牛的日子里，也常有人们[7]的苦难｜给我们幼小的心灵带来重轭[8]。

一天傍晚，我踏进家门，昏暗的油灯下，妈递给我一个竹篮，篮子里放着十来个红薯。“给康公家送去，他们还没吃晚饭呢。”妈说。我没说话，默默地照办了。

我放了整整一年的牛，因为八岁那年｜我幸运地上学了，只在课余｜偶尔牵牵那根牛绳。

放牛的日子里，我似//乎没有感受到什么大的苦难，但我那多愁善感的心灵｜却镌[9]上了人们被苦难灼干[10]的眼睛。从山里走到都市，我一直用心灵装填着这些苦痛。然而，如今想来，这些苦痛已经不再是苦痛了，而是一种心灵感悟的财富！这也许是我｜一直保持了放牛时｜那颗欢乐的心灵的缘故。

（华宣飞《放牛的日子》，《北京日报》1994 年 2 月 17 日，共 508 字。）

语音提示

[1] 牛儿 niú ér
[2] 驮着 tuó zhe
[3] 轻轻地 qīng qīng de
[4] 蝉儿 chán ér
[5] 嬉戏 xī xì
[6] 藤蔓 téng màn
[7] 人们 rén men
[8] 重轭 zhòng è
[9] 镌 juān
[10] 灼干 zhuó gān

补充提示

1. 搓成 cuō chéng
2. 牛绳 niú shéng
3. 拴 shuān
4. 牧童们 mù tóng men
5. 背脊 bèi jǐ
6. 酷暑 kù shǔ
7. 热热地 rè rè de
8. 一律 yī lǜ
9. 畅快 chàng kuài
10. 沙石 shā shí
11. 胡乱 hú luàn
12. 苦难 kǔ nàn
13. 心灵 xīn líng
14. 竹篮 zhú lán
15. 红薯 hóng shǔ
16. 幸运 xìng yùn
17. 多愁善感 duō chóu shàn gǎn

【作品 23 号】

清晨起来，拉开窗帘，一个银亮的世界｜展现在我眼前。我一看见这纯白的雪片，就只想尽快[1]扑进这雪白的世界。

妈妈[2]送我走出家门，并三番五次地叮嘱[3]我｜路上[4]小心。我只顾观赏雪景，自然觉得妈妈罗嗦[5]。“回去吧，真烦人！”便头也不回地上路了。

“妈妈，快，快拉我跑！”

雪地中｜一位年轻的母亲拽着身后的小女儿跑着，笑着。忽然，母亲脚下一滑，摔倒在雪地上。我快跑过去拉起她，她却不顾自己，而是马上扶起坐在地上的小女儿。

女儿也很懂事地给妈妈拍去头发[6]上的雪，轻轻地问一声："妈妈，您疼不疼？"母亲由衷[7]地笑了，笑得那么[8]舒心。

望着雪片纷飞中｜母女俩[9]紧紧相偎[10]的身影，我的脑海里｜立刻映出了十年前似曾相似｜的一幕，那时，我也曾十分乖巧地为妈妈拍雪，扶妈妈走路。可十年后同样的雪天，我却只顾自己的兴致｜把妈妈的关心搁[11]在一起。也许妈妈并未留意我的话，但十七岁的我｜应该理解父母的苦心，因为在他们的眼里｜我永远是个长不大的孩子。

也许｜刚才的那位母亲摔得很重，可小女儿简单的一句"妈妈，您疼不疼"，便已化解了她的疼痛。不管外界多冷，一股股暖流｜也会涌上心头，这便是世上最动//人的欣慰，也是像雪一样纯的真情。

雪花飘啊飘，我目送那对母女远去，便急切地回转身，我要回家去对父母说："爸爸[12]、妈妈，雪大路滑，当心啊[13]！"

（曹展《雪花飘啊飘……》，《北京晚报》1994 年 1 月 19 日，共 454 字。）

语音提示

[1] 尽快 jǐn kuài　　[2] 妈妈 mā mā
[3] 叮嘱 dīng zhǔ　　[4] 路上 lù shàng
[5] 罗嗦 luō suō　　[6] 头发 tóu fā
[7] 由衷 yóu zhōng　　[8] 那么 nà me
[9] 俩 liǎ　　[10] 偎 wēi
[11] 搁 gē　　[12] 爸爸 bà bà
[13] 当心啊 dāng xīn a

补充提示

1. 清晨 qīng chén　2. 窗帘 chuāng lián　3. 展现 zhǎn xiàn
4. 纯白 chún bái　5. 自然 zì rán　6. 摔倒 shuāi dǎo
7. 舒心 shū xīn　8. 身影 shēn yǐng　9. 映出 yìng chū
10. 兴致 xìng zhì　11. 应该 yīng gāi　12. 疼痛 téng tòng
13. 暖流 nuǎn liú　14. 欣慰 xīn wèi　15. 真情 zhēn qíng

【作品 24 号】

一位高棉的华侨｜把他的两个儿子送到我这里来，要求教他们学国语，这两个孩子都是美国出生的，只会说英语。我问他｜为什么[1]想让孩子学国语，他说："是中国人嘛！不会说母语总是不好的，而且 21 世纪｜肯定会是中国人的世纪，到那时才学国语｜就晚了。"

这是一位华侨的一片心意。

我主张｜在国外（不只是在美国）的中国孩子，都应该学点[2]中文。

首先："是中国人嘛！不会讲母语｜总是不好的。"在美国的华人当中，有些｜是要等到事业有所成就之后｜再回国，有些人已经拿到了绿卡[3]。据了解，在得到绿卡的人群中，准备进一步加入美国籍的｜只是少数，多数人是希望｜在得到绿卡后，能够“来去自由”，所以｜对于这些绿卡持有者来说，他们现有的身份是华侨，华侨的孩子｜还是应该学些中文才好，否则一旦你要回国，由于语言不通，会遇到许多麻烦。[4]

如果你已经入了美国籍，但作为华裔，学一点[5]中文｜还是有好处的。随着中国国际地位的不断提高，世界各地区｜逐步掀起了“学汉语热”，中国的文化｜正逐步为[6]世界所了解所接受，中国的工农产品｜正逐步跨入更多国家的国门，很多外国人原来对中国一无所知，或者只//知道[7]一些被歪曲了的形象。但是今天的中国毕竟不同于往昔了。

不少在外国已经生活了几十年的外籍华人，他们看到新中国在世界上的影响｜越来越大，都纷纷要到中国去进行学术交流，去培养科技人才，去投资办厂办学，会中文成为一大优势。还有｜中国孩子到了要找伴侣的时候[8]，很多人还是愿意[9]找中国人，会讲中国话，是一种最好的沟通方式。

（王浚国《在国外的中国孩子应学点中文》，《人民日报》（海外版）1993 年 12 月 25 日，共 540 字。）

语音提示

[1] 什么 shén me　　[2] 学点 xué diǎnr
[3] 绿卡 lù kǎ　　[4] 麻烦 má fán
[5] 一点 yī diǎn　　[6] 为 wéi
[7] 知道 zhī dào　　[8] 时候 shí hòu
[9] 愿意 yuàn yì

补充提示

1. 出生 chū shēng　2. 成就 chéng jiù　3. 加入 jiā rù
4. 持有者 chí yǒu zhě　5. 歪曲 wāi qū　6. 逐步 zhú bù
7. 接受 jiē shòu　8. 产品 chǎn pǐn　9. 形象 xíng xiàng
10. 往昔 wǎng xī　11. 影响 yǐng xiǎng　12. 学术 xué shù
13. 优势 yōu shì　14. 伴侣 bàn lǚ　15. 方式 fāng shì

第六节　普通话的说话训练

普通话的说话训练包括媒介和内容两个方面。媒介指的是说话时的语音、语势、语态等。语音要求在训练时达到准确、清晰、流畅的程度；语势要求在训练时做到说话有感染力，有感情色彩，有鲜明语气和语调；语态要求在训练时做到说话时能借助身体语言和面部表情强化表达效果。内容训练要求能围绕一个中心话题从多侧面，多角度展开，且能突出一个中心，条理清楚，主次详略分明，起承转合自然。

说话训练参考题目：

（1）假如你面对的是用人单位的主考官，请你做一番自我介绍。

（2）我的专业技能。

（3）我的业余爱好。
（4）我与电脑。
（5）我的专业。
（6）我理想的职业。
（7）怎样处理好人际关系。
（8）怎样看待下岗问题。
（9）我对中国加入“WTO”的看法。
（10）我看西部大开发。
（11）怎样去找工作。
（12）谈谈你最喜欢的电视栏目。
（13）我的家庭。
（14）我最要好的朋友。
（15）我们的学校。
（16）个人与集体。
（17）个人与社会。
（18）一件感人的事。
（19）一道亮丽的风景线。
（20）生活中的一朵浪花。

第四章 普通话水平测试

第一节　普通话水平测试的性质和等级划分

一、普通话水平测试的性质

普通话水平测试是在国家普通话测试委员会的领导下，根据统一的标准和要求，在全国范围内开展的一项测试。它不是普通话语音知识的考试，不是文化水平的考核，也不是口才的评估，是对应试人员运用普通话所达到的标准程度的检测和评定。普通话水平测试从性质上看，是一种标准参照式测试。它以标准的普通话为参照标准，通过测试，来评定应试人普通话口语所达到的水平等级，为国家公务员、播音员、节目主持人、演员、教师及其它窗口行业人员逐步实行持证上岗制度服务，它实际上也是一种资格证书的考试。

普通话水平测试完全采用口试方式，测试项目有四项：读单音节字词、读双音节词语、朗读和说话。前三项都有文字凭借，提供了书面材料，说话项只提供说话题目。

二、普通话水平测试的等级划分

国家语言文字工作委员会、国家教育委员会、广播电影电视部制定颁布的《普通话测试等级标准（试行）》是评定普通话水平等级的依据。它把普通话划分为“三级”，每一级又分为甲等和乙等。在三级六等中，区分一级甲等与一级乙等、一级乙等与二级甲等，二级乙等与三级甲等这些界限非常重要，因为它涉及到一些岗位的人员达标的基本要求。

1. 一级

一级是标准的普通话，即“标准级”。要求在朗读和交谈时，语音标准；词汇语法正确无误；语调自然，表达流畅。

（1）一级甲等的基本特征。“一级甲等”是标准、纯正的普通话。不允许有系统性的语音错误和系统性的语音缺陷，但允许偶然出现的语音缺陷或错误。“一级甲等”的测试总失分率在3%以内，得分在97分或97分以上。

（2）一级乙等的基本特征。“一级乙等”也是标准的普通话，但语音标准程度，特别是普通话的腔调比“一级甲等”略差，“一级乙等”也不允许有系统性的语音错误，但允许有少量的不明显的语音缺陷。一级乙等的测试总失分率在8%以内，得分为92

分至96.9分。

2. 二级

“二级”是比较标准的普通话。

(1) 二级甲等的基本特征。在朗读和自由交谈时，声母和韵母的发音、特别是声调的发音基本标准，表达比较流畅。其具体特征为：

①少数难点音有时出现失误，或存在两点以上的语音缺陷。

②词汇、语法偶有失误。“二级甲等”测试总失分率在13%以内，得分为87分至91.9分。

(2) 二级乙等的基本特征。朗读和自由交谈时，声调有系统性的错误或缺陷，声母、韵母难点音失误较多，使用了方言词汇和方言语法，带有较明显的方言腔调。“二级乙等”的测试总失分率在20%以内，得分为80分至86.9分。

3. 三级的基本特征

三级是学习和使用普通话的初级阶段。

三级的具体特征：

(1) 语音上，声韵调发音失误多，有较多的系统性语音错误和语音缺陷。

(2) 词汇、语法同时出现较多的失误。

(3) 方言腔调重，且表达不流畅。

三级甲等的测试总失分率在30%以内，得分为70分至79.9分，三级乙等的测试总失分率在40%以内，得分为60分至69.9分。

4. 不进入等级水平的评定

基本上属于方言腔调，或测试总失分率在40%以上，得分低于60分者，不能进入普通话等级。

第二节　中等职业学校普通话测试的具体要求

普通话水平测试共分四大题，总分为100分。

(1) 读单音节字词100个，每个字0.1分，共10分。

(2) 读双音节词语50个，每个字0.2分，共20分。

(3) 朗读短文，约400字左右，共30分。

(4) 说话，共40分；测试时通过抽鉴，抽出其中的两题，任选一题。

一、读单音节字词100个

本题考查应试人声母、韵母、声调的发音。100个单音节字词包括了普通话语音系统里的所有声母、韵母和声调。其中每个声母的出现不少于3次，每个韵母的出现一般不少于两次，每个声调大致均衡出现；另有异读词2个。

读单音节字词时，要求发音准确，声韵调都要到位。声母要注意发音部位和发音方法，韵母要注意舌位和发音口形，声调要注意调值的到位。特别要注意的是，上声字要读全，调值 214，不能读成半上；阳平调不能读成降升调。

读单音节字词时，不要过快，以免发音不准确或发音不到位；也不要过慢，以免超时扣分。同时，字音应有一定的音长和响度。

应试人在认读字词时，如果感觉某人字读错了或者发音不到位，可以重读一次，记分时以第二次读音为准。

二、读双音节词语 50 个

本题除了继续考查应试人声、韵、调的发音以外，还要考查轻声、儿化、变调的读音。轻声调一般有 4 个，儿化词一般也有 4 个，上声和其他声调组合的词语若干。

本题除了与“读单音节字词”要求相同以外，还要注意以下几点：

1. 注意词语的轻重音格式

普通话双音节词语的轻重音格式大多数是“中・重”式，即第二个音节的字读得比第一个音节略重一点。但双音节词的第二个音节也不应读得太重。

2. 注意轻声词、儿化韵的读音

轻声一般出现在双音节词的第二个音节，又叫轻音，要读得短而轻。轻声词的发音有规律：只有将第一个音节读得长而重，才能显示出第二个音节的短和轻。有些轻声词容易识别，如词缀“子、头、们”，表称呼的叠音词“爸爸、妈妈”，助词“着、了、过”等。而那些习惯上读轻声却没有规律可循的词，需要应试者进行强化训练和单独记忆。例如“月亮、姑娘”。儿化韵要一气呵成，不能将儿化韵分隔成两个音节。另外卷舌要求自然，同时还要注意区别儿化韵和儿读音节，不要将儿读音节念成儿化韵，也不要将儿化韵读作儿读音节。

3. 注意上声变调和上声在词尾的读音

上声在非上声前读半上，即“211 度”；两个上声相连时，前一个音节变读阳平，第二个音节的上声应读本调；上声在词尾时也应该读全。

4. 注意异读词的读音

异读词的读音以《普通话异读词审音表》为准，这个审音表经过国家语言文字工作委员会、国家教育委员会、广播电视部（现为广播电影电视部）审查通过，于 1985 年 12 月联合发布。未经修订的字典、词典上异读词的读音，不能作为异读词的规范读音。

三、作品朗读

教材指定的 24 篇朗读作品，是进行朗读训练和朗读测试的依据。本题除了继续考查应试者声、韵、调的读音以外，还考查轻声、儿化、连读音变，语调、语速和朗读的自然流畅程度。每篇短文不少于400字，限时4分钟。

普通话水平测试对作品朗读的基本要求是：

1. 发音准确、清晰

朗读短文明仍然要把语音的准确性放在重要的地位。吐字要清晰，既不能含混不清，也不能把字咬得太死。因为朗读短文不同于认读字词，在语流中，有些字音受前后音节的影响总会产生一些变化，在朗读中，要正确地反映这些变化。

2. 语调自然，流畅

朗读跟朗诵相比，它更贴近于生活中的口语，但又有别于日常说话，是口语的艺术加工。测试中的朗读，语调不要过于夸张，力求自然。但也应当注意朗读技巧，提高朗读水平。

朗读应该忠实原文，要求做到不颠倒、不重复、不添字、不漏字等。应试人在朗读前应该熟读作品，作好充分的准备。

应试人要避免在朗读中流露出方言色彩。方言色彩是方言的语音现象在语流中的综合性反映，它涉及声、韵、调、轻重音、音变、语气、语速等方面。应试人在朗读中必须注意这些方面。

3. 语速快慢适中

朗读的语速总体上来说是舒缓的、中等的语速。语速太快不符合朗读的基本要求，也容易造成发音含混、“吃字”的现象。而语速太慢则给人不流畅的感觉。朗读中语速过快或过慢，都会被扣分。朗读中的节奏应该有变化，但不能是随意性的忽快忽慢，应该与文章内容和思想表达的需要相吻合。

4. 表达真情实感

朗读要求正确理解作品的思想内容，准确把握思想感情，表达真情实感。

四、说话

教材指定了20个话题，为说话项目的测试划定了范围。该题主要考查应试人在无文字凭借的情况下普通话口语的规范、流畅程度。

普通话口语规范包括语音、词汇、语法三方面的规范。

语音规范的标准与前三项的语音规范标准相同，只是它不同于字词认读，也不同于朗读。它的根本特点是“说”，就是按照日常口语的语音语调来说话，不能一个字一个字地念出来，也不能像朗读那样一句句的读出来。说话讲究语音自然，不能有背读的痕迹。

说话要注意用词的规范，不使用方言词，不用生僻词。要尽量多用口语词，少用书面语句。多用短句、单句，少用或不用结构复杂的长句、复句。说话也要注意语法规范，不用方言语法格式，以避免出现语法错误。

说话力求自然流畅，要求应试人平时就养成用普通话思维的习惯，同时坚持在日常的学习、工作、生活中说普通话，应试时才能表达流畅。

说话要注意审题，选取适当的材料围绕中心展开话题。说话的审题、选材及围绕中心展开话题，和作文的审题、选材、扣题是一样的，只是结构和语言方面的要求不一样。说话的随意性大一些，只要求有说话有中心，不要求词藻华美，结构也不要求很完整，这些都比口头作文的要求低一些。

说话不仅是对应试人普通话语音水平的考查，同时也是对应试人心理素质的考验，因为绝大多数人在即兴讲话时，由于紧张而暴露出语言方面的许多缺点，例如：语句不流利、不连贯、出现语音错误、流露出方言色彩等。因此，应试者不仅要训练成句成段话语语音的准确自然度，还要注意培养自己良好的心理素质，平时注意多在公众场合说话，锻炼自己的表达能力，避免因紧张而出现上述问题。

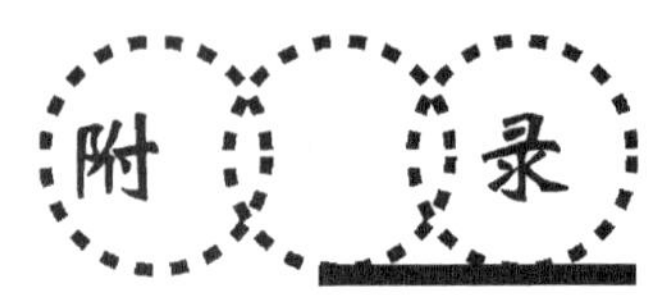

一、中等职业学校普通话测试样题

试　　题（样式）

一、朗读下列单音节词：（10 分）

二、朗读下列双音节词语：（20 分）

三、朗读下面一段话：（30 分）

四、根据下面要求说一段话：（40 分）

二、 常用字标准读音

(2500)

A

ā 阿啊
á 啊
ǎ 啊
à 啊
a 啊
āi 哀挨唉
ái 挨
ǎi 矮
ài 唉爱碍
ān 安
àn 岸按案暗
áng 昂
ǎo 袄
ào 傲奥

B

bā 八巴扒吧疤
bá 拔
bǎ 把
bà 坝把爸罢霸
ba 吧
bái 白
bǎi 百伯柏摆
bài 败拜
bān 班般斑搬
bǎn 板版
bàn 办半扮伴拌瓣
bāng 帮
bǎng 绑榜膀
bàng 棒傍
bāo 包胞炮剥
báo 雹薄
bǎo 饱宝保堡
bào 报抱暴爆
bēi 杯背悲碑
běi 北
bèi 贝备背倍被辈
bei 臂
bēn 奔
běn 本
bèn 奔笨
bèng 蹦
bī 逼
bí 鼻
bǐ 比彼笔鄙
bì 币必毕闭毙秘
辟碧蔽疾弊壁臂避
biān 边编鞭
biǎn 扁
biàn 变便遍辨辩辫
biāo 标
biǎo 表
bié 别
biè 别
bīn 宾滨
bīng 冰兵
bǐng 丙柄饼
bìng 并病
bō 拨波玻剥菠播
bó 百伯驳泊柏脖
博搏膊薄
bò 薄
bo 卜脯
bǔ 卜补捕堡
bù 不布步怖部

C

cā 擦
cāi 猜

cái　才材财裁
cǎi　采彩睬踩
cài　菜
cān　参餐
cán　残蚕惭
cǎn　惨
càn　灿
cāng　仓苍舱
cáng　藏
cāo　操
cáo　槽
cǎo　草
cè　册厕侧测策
céng　层曾
chā　叉差插
chá　叉茶查察
chǎ　叉
chà　叉岔差
chāi　拆差
chái　柴
chán　单馋缠
chǎn　产铲
chàn　颤
chāng　昌
cháng　长场肠尝常偿
chǎng　厂场敞
chàng　畅倡唱
chāo　抄吵钞超
cháo　朝潮
chǎo　吵炒
chē　车
chě　扯
chè　彻撤
chén　臣尘辰沉陈晨
chèn　衬称趁
chēng　称撑
chéng　成呈诚承城
　乘盛程惩
chèng　秤
chī　吃
chí　池驰迟持匙
chǐ　尺齿耻
chì　斥赤翅
chōng　冲充
chóng　虫种重崇
chòng　冲
chōu　抽
chóu　仇绸酬愁筹
chǒu　丑
chòu　臭
chū　出初
chú　除厨锄
chǔ　处础储楚
chù　处畜触
chuān　川穿
chuán　传船
chuǎn　喘
chuàn　串
chuāng　创疮窗
chuáng　床
chuǎng　闯
chuàng　创
chuī　吹炊
chuí　垂锤
chūn　春
chún　纯唇
chǔn　蠢
cī　差
cí　词辞慈磁
cǐ　此
cì　次刺
cōng　匆葱聪
cóng　从丛
còu　凑
cū　粗
cù　促醋
cuàn　窜
cuī　催摧

cuì 脆翠
cūn 村
cún 存
cùn 寸
cuò 错

D

dā 搭答
dá 打达答
dǎ 打
dà 大
dāi 呆
dǎi 逮
dài 代带贷待怠袋逮戴
dān 丹担单耽
dǎn 胆
dàn 石旦但担诞淡弹蛋
dāng 当
dǎng 档党
dàng 当荡档
dāo 刀叨
dáo 叨
dǎo 导岛倒蹈
dào 到倒盗悼道稻
dé 得德
de 地的德
děi 得
dēng 灯登
děng 等
dèng 凳
dī 低堤提滴
dí 的敌笛
dǐ 抵底
dì 地弟的帝递第
diān 颠
diǎn 典点
diàn 电店垫殿
diāo 叼雕
diào 吊钓调掉
diē 爹跌
dié 叠蝶
dīng 丁叮盯钉
dǐng 顶
dìng 订钉定
diū 丢
dōng 东冬
dǒng 董懂
dòng 动冻栋洞
dōu 都
dǒu 斗抖陡
dòu 斗豆逗
dū 都督
dú 毒独读
dǔ 肚堵赌
dù 杜肚度渡
duān 端
duǎn 短
duàn 段断缎锻
duī 堆
duì 队对
dūn 吨蹲
dùn 盾顿
duō 多
duó 夺度
duǒ 朵躲
duò 惰

E

ē 阿
é 鹅额
ě 恶
è 恶饿
ēn 恩
ér 儿而
ěr 耳
èr 二

F

fā 发

fá 乏伐罚阀
fǎ 法
fà 发
fān 帆番翻
fán 凡烦繁
fǎn 反返
fàn 犯饭泛范贩
fāng 方坊芳
fáng 防坊妨房
fǎng 仿访纺
fàng 放
fēi 飞非
féi 肥
fěi 匪
fèi 肺废沸费
fēn 分芬吩纷
fén 坟
fěn 粉
fèn 分份奋粪愤
fēng 丰风封疯峰锋蜂
féng 逢缝
fěng 讽
fèng 凤奉缝
fó 佛
fǒu 否
fū 夫肤
fú 伏扶佛服俘浮符幅福
fǔ 抚斧府俯辅腐
fù 父付负妇附咐服赴复副傅富腹覆

G

gā 夹
gāi 该
gǎi 改
gài 盖溉概
gān 干甘杆肝竿
gǎn 杆秆赶敢感
gàn 干
gāng 冈扛刚纲钢缸
gǎng 岗港
gàng 杠钢
gāo 高膏糕
gǎo 搞稿
gào 告膏
gē 格哥胳鸽搁割歌
gé 革阁搁格葛隔
gě 合葛盖
gè 个各
gěi 给
gēn 根跟
gēng 更耕
gěng 颈
gèng 更
gōng 工弓公功攻供宫恭躬
gǒng 巩
gòng 共巩供
gōu 勾沟钩
gǒu 狗
gòu 勾构购够
gū 估孤姑骨辜
gǔ 古谷股骨鼓
gù 估固故顾
guā 瓜刮
guà 挂
guāi 乖
guǎi 拐
guài 怪
guān 关观官冠
guǎn 馆管
guàn 观贯冠惯灌罐
guāng 光
guǎng 广
guī 归龟规

guǐ 轨鬼
guì 柜贵桂跪
gǔn 滚
gùn 棍
guō 过锅
guó 国
guǒ 果裹
guò 过

H

hā 哈
hǎ 哈
hà 哈
hāi 咳
hái 还孩
hǎi 海
hài 害
hán 汗含寒
hǎn 喊
hàn 汉汗旱
háng 行航
hàng 巷
háo 号毫豪
hǎo 好
hào 号好耗浩
hē 喝
hé 禾合何和河荷
核盒
hè 吓和贺荷喝
hēi 黑
hén 痕
hěn 很狠
hèn 恨
héng 恒横衡
hèng 横
hōng 轰哄烘
hóng 红宏虹洪
hǒng 哄
hòng 哄
hóu 喉猴
hǒu 吼
hòu 后厚侯
hū 乎呼忽糊
hú 狐胡壶核湖蝴糊
hǔ 虎
hù 互户护糊戏
huā 花哗
huá 划华哗猾滑
huà 化划华画话
huái 怀槐
huài 坏
huān 欢
huán 还环
huǎn 缓
huàn 幻换唤患
huāng 荒慌
huáng 皇黄煌
huǎng 晃谎
huī 灰挥恢辉
huí 回
huǐ 悔毁
huì 汇会绘贿惠慧
hūn 昏婚
hún 浑混魂
hùn 混
huó 和活
huǒ 火伙
huò 或和货获祸惑
huo 和

J

jī 几击饥机肌鸡
奇积基激
jí 及吉级极即急
疾集籍
jǐ 岂已纪挤济给脊
jì 计记纪技系忌
际季剂迹济既
继寄绩
jiā 加夹茄佳家嘉

jiá 夹
jiǎ 甲假
jià 价驾架假嫁稼
jiān 尖奸歼坚间肩
监兼渐煎
jiǎn 拣茧俭捡检剪
减简
jiàn 见价件间建荐
剑监健舰渐鉴
键箭
jiāng 江将姜浆僵疆
jiǎng 讲奖浆
jiàng 匠降将强酱虹
jiāo 交郊浇娇骄胶
教椒焦蕉
jiáo 嚼
jiǎo 角狡饺绞脚搅
缴
jiē 节阶皆结接揭
街
jié 节劫杰洁结捷
截竭
jiě 姐解
jiè 介戒届界借解
jīn 巾斤今金津筋禁
jǐn 仅尽紧锦谨
jìn 尽进近劲晋禁
浸
jin 斤
jīng 精茎京经惊晶
jīng 睛
jǐng 井颈景警
jìng 劲径净经竞竟
敬静境镜
jiū 纠究揪
jiǔ 九久酒
jiù 旧救就舅
jū 车拘居据鞠
jú 局菊橘
jǔ 柜矩举
jù 巨句拒具俱剧
据距惧锯聚
jǔ 矩
juān 捐圈
juǎn 卷
juàn 卷倦绢圈
jué 决角觉绝嚼脚掘
jūn 军均龟君菌
jùn 俊菌

K

kǎ 卡
kāi 开
kǎi 凯慨
kān 刊看堪
kǎn 砍
kàn 看
kāng 康糠
káng 扛
kàng 抗炕
kǎo 考烤
kào 靠
kē 科棵颗
ké 壳咳
kě 可渴
kè 可克刻客课
kěn 肯垦恳
kēng 坑
kōng 空
kǒng 孔恐
kòng 空控
kǒu 口
kòu 扣寇
kū 枯哭
kǔ 苦
kù 库裤酷
kuā 夸
kuǎ 垮
kuà 挎跨

kuài 会块快
kuān 宽
kuǎn 款
kuāng 筐
kuáng 狂
kuàng 旷况矿框
kūi 亏
kuí 葵
kuì 愧
kūn 昆
kǔn 捆
kùn 困
kuò 扩括阔

L

lā 拉垃啦
lá 拉
lǎ 拉喇
là 落腊蜡辣
la 啦
lái 来
lài 赖
lán 兰拦栏蓝篮
lǎn 览懒
làn 烂滥
lan 蓝
láng 郎狼廊
lǎng 朗
làng 郎浪
lāo 捞
láo 劳牢
lǎo 老姥
lào 络涝落
lè 乐勒
le 了
lēi 勒
léi 累雷
lěi 垒累
lèi 泪类累
lěng 冷
lí 厘狸离梨犁璃黎
lǐ 礼李里理
lì 力历厉立丽励利例录栗粒
liǎ 俩
lián 连怜帘莲联廉镰
liǎn 脸
liàn 练炼恋链
liáng 良凉梁量粮粱
liǎng 两
liàng 亮凉谅辆量
liang 量
liáo 辽疗僚
liǎo 了
liào 料
liè 列劣烈猎裂
lín 邻林临淋
lìn 淋
líng 令伶灵铃陵零龄
lǐng 令岭领
lìng 另令
liū 溜
liú 刘留流榴
liǔ 柳
liù 六陆碌溜
lōng 隆
lóng 龙聋笼隆
lǒng 拢垄笼
lòng 弄
lōu 搂
lóu 楼
lǒu 搂
lòu 漏露
lú 芦炉
lǔ 芦虏鲁
lù 六陆录鹿绿路露

lǘ　驴
lǚ　旅屡
lǜ　律虑率绿滤
luǎn　卵
luàn　乱
lüè　掠略
lún　论轮
lùn　论
luó　罗萝锣箩骡螺
luò　骆络落

M

mā　妈抹摩
má　麻
mǎ　马吗码蚂
mà　骂
ma　吗
mái　埋
mǎi　买
mài　迈麦卖脉
mán　埋蛮馒瞒
mǎn　满
màn　漫慢
máng　芒忙盲茫
māo　猫
máo　毛矛茅
mào　茂冒贸帽貌
me　么
méi　没眉梅煤霉
měi　每美
mèi　妹
mēn　闷
mén　门
mèn　闷
men　们
mēng　蒙
méng　萌蒙盟
měng　猛蒙
mèng　孟梦
mī　眯
mí　迷眯迹
mǐ　米
mì　秘密蜜
mián　眠棉绵
miǎn　免勉
miàn　面
miáo　苗描
miǎo　秒
miào　妙庙
miè　灭蔑
mín　民
mǐn　敏
míng　名明鸣
mìng　命
mō　摸
mó　模膜摩磨魔
mǒ　抹
mò　万末没抹沫脉
莫漠墨默磨
móu　谋
mǒu　某
mú　模
mǔ　母亩
mù　木目牧墓幕慕
幕暮

N

nā　那
ná　拿
nǎ　哪
nà　那纳
na　哪
nǎi　乃奶
nài　耐
nán　男南难
nàn　难
nāng　囊
náng　囊
náo　挠
nǎo　恼脑

nào 闹
né 哪
ne 呢
nèi 内
nèn 嫩
néng 能
ní 尼呢泥
nǐ 你
nì 泥逆
nián 年粘
niàn 念
niáng 娘
niàng 酿
niǎo 鸟
niào 尿
niē 捏
nín 您
níng 宁凝
nìng 宁
niú 牛
niǔ 扭纽
nóng 农浓
nòng 弄
nú 奴
nǔ 努
nù 怒
nǚ 女
nuǎn 暖
nuó 挪

O

ōu 区欧
ǒu 偶

P

pā 趴
pá 扒爬
pà 怕
pāi 拍
pái 排牌
pǎi 迫排
pài 派
pān 番攀
pán 胖盘
pàn 判盼叛
pāng 乓
páng 旁膀
pàng 胖
pāo 抛泡
páo 炮袍
pǎo 跑
pào 泡炮
péi 陪培赔
pèi 佩配
pēn 喷
pén 盆
pèn 喷
pen 喷
péng 朋棚蓬膨
pěng 捧
pèng 碰
pī 批披劈
pí 皮疲脾
pǐ 匹否劈
pì 辟僻
piān 片扁偏篇
pián 便
piàn 片骗
piāo 漂飘
piáo 朴
piǎo 漂
piào 票漂
piē 撇
piě 撇
pīn 拼
pín 贫
pǐn 品
pīng 乒
píng 平评苹凭瓶萍
pō 朴坡泊泼

pó　婆繁
pò　朴迫破魄
pōu　剖
pū　仆扑铺
pú　仆葡
pǔ　朴普谱
pù　铺堡暴

Q

qī　七妻戚期欺漆
qí　齐其奇骑棋旗
qǐ　乞岂企启起
qì　气弃汽砌器
qiǎ　卡
qià　洽恰
qiān　千迁牵铅谦签
qián　前钱钳潜
qiǎn　浅遣
qiàn　欠纤歉
qiāng　枪腔
qiáng　强墙
qiǎng　抢强
qiāo　悄雀锹敲
qiáo　乔侨桥瞧
qiǎo　巧悄
qiào　壳
qiē　切
qié　茄
qiě　且
qiè　切窃
qīn　侵亲
qín　芹琴禽勤
qīng　青轻倾清蜻
qíng　情晴
qǐng　请顷
qìng　庆亲
qióng　穷
qiū　丘龟秋
qiú　仇求球
qū　区曲驱屈
qú　渠
qǔ　曲取
qù　去趣
quān　圈
quán　权全泉拳
quǎn　犬
quàn　劝券
quē　缺
què　却雀确鹊
qún　裙群

R

rán　然燃
rǎn　染
rāng　嚷
rǎng　壤嚷
ràng　让
ráo　饶
rǎo　扰
rào　绕
rě　惹
rè　热
rén　人仁任
rěn　忍
rèn　刃认任
rēng　扔
réng　仍
rì　日
róng　荣绒容熔融
róu　柔揉
ròu　肉
rú　如
rǔ　乳辱
rù　入
ruǎn　软
ruì　锐瑞
rùn　润
ruò　若弱

S

sā　撒

sǎ 洒撒
sāi 塞
sài 塞赛
sān 三
sǎn 伞散
sàn 散
san 散
sāng 丧桑
sǎng 嗓
sàng 丧
sang 丧
sǎo 扫嫂
sào 扫
sè 色塞
sēn 森
shā 杀沙纱
shǎ 傻
shà 厦
shāi 筛
shǎi 色
shài 晒
shān 山删衫扇
shǎn 闪陕
shàn 单扇善
shāng 伤商
shǎng 上晌赏
shàng 上尚
shang 裳
shāo 捎烧梢稍
sháo 勺
shǎo 少
shào 少绍捎哨稍
shé 舌折蛇
shě 舍
shè 设社舍射涉摄
shéi 谁
shēn 申伸身参深
shén 什神
shěn 沈审婶
shèn 肾甚渗慎
shēng 升生声牲
shéng 绳
shěng 省
shèng 圣胜剩盛剩
shī 尸失师诗狮施湿
shí 什士石时识实拾食蚀
shǐ 史使始驶
shì 士氏示世市式似势事侍饰试视柿是适室逝释誓
shi 匙殖
shōu 收
shóu 熟
shǒu 手守首
shòu 寿受授售兽瘦
shū 书叔殊梳舒疏输蔬
shú 熟
shǔ 暑属鼠数薯
shù 术束述树竖数
shuā 刷
shuǎ 耍
shuāi 衰摔
shuǎi 甩
shuài 帅率
shuān 拴
shuāng 双霜
shuǎng 爽
shuǐ 水
shuì 说税睡
shùn 顺
shuō 说
shuò 数
sī 司丝私思斯撕
sǐ 死

sì　四寺似饲肆
sōng　松
sòng　宋送诵颂
sōu　搜艘
sòu　嗽
sū　苏
sú　俗
sù　诉肃素速宿塑缩
suān　酸
suàn　蒜算
suī　尿虽
suí　随
suì　岁碎穗
sūn　孙
sǔn　损笋
suō　缩
suǒ　所索锁

T

tā　他它她塌
tǎ　塔
tà　踏
tái　台抬
tài　态太泰
tān　贪摊滩
tán　坛谈弹痰
tǎn　坦毯
tàn　叹炭探
tāng　汤趟
táng　唐堂塘膛糖
tǎng　倘躺
tàng　烫趟
tāo　叨涛掏滔
táo　逃桃陶萄淘
tǎo　讨
tào　套
tè　特
téng　疼腾
tī　梯踢
tí　提题蹄
tǐ　体
tì　剃惕替
tiān　天添
tián　田甜填
tiāo　挑
tiáo　条调
tiǎo　挑
tiào　跳
tiē　帖贴
tiě　帖铁
tiè　帖
tīng　厅听
tíng　亭庭停蜓
tǐng　挺艇
tōng　通
tóng　同桐铜童
tǒng　统桶筒
tòng　同通痛
tōu　偷
tóu　头投
tòu　透
tū　秃突
tú　图徒途涂屠
tǔ　土吐
tù　吐兔
tuán　团
tuī　推
tuǐ　腿
tuì　退
tūn　吞
tún　屯
tuō　托拖
tuó　驼
tuǒ　妥

W

wā　挖蛙
wá　娃
wǎ　瓦
wà　瓦袜

wāi 歪
wài 外
wān 弯湾
wán 丸完玩顽
wǎn 挽晚碗
wàn 万
wāng 汪
wáng 亡王
wǎng 网往
wàng 妄忘旺望
wēi 危威微
wéi 为违围唯维
wěi 伟伪尾委
wèi 卫为未位味畏胃喂慰
wēn 温
wén 文纹闻蚊
wěn 稳
wèn 问
wēng 翁
wō 窝
wǒ 我
wò 沃卧握
wū 乌污呜屋
wú 无吴
wǔ 五午伍武侮舞
wù 勿乌务物误恶悟雾

X

xī 夕西吸希析牺息悉惜稀锡溪熄膝
xí 习席袭
xǐ 洗喜
xì 戏系细隙
xiā 虾瞎
xiá 峡狭霞
xià 下吓夏厦
xiān 仙先纤掀鲜
xián 闲贤弦咸衔嫌
xiǎn 显洗险鲜
xiàn 县现限线宪陷馅羡献
xiāng 乡相香箱
xiáng 详降祥
xiǎng 享响想
xiàng 向项巷相象像橡
xiāo 削消宵销
xiǎo 小晓
xiào 孝校笑效
xiē 些
xié 叶协邪胁斜携鞋
xiě 写血
xiè 泄泻卸解屑械谢
xīn 心辛欣新薪
xìn 信
xīng 兴星腥
xíng 刑行形型
xǐng 省醒
xìng 兴杏幸性姓
xiōng 兄凶胸
xióng 雄熊
xiū 休羞修
xiǔ 朽宿
xiù 秀臭袖锈宿绣
xū 须需虚
xú 徐
xǔ 许
xù 序叙畜绪续絮蓄
xuān 宣
xuán 悬旋
xuǎn 选
xuàn 券旋
xuē 削
xué 穴学

xuě　雪
xuè　血
xún　旬寻巡询循
xùn　训讯迅

Y

yā　压呀押鸦哑鸭
yá　牙芽崖
yǎ　哑雅
yà　轧亚压
ya　呀
yān　咽烟淹燕
yán　延严言岩炎沿研盐颜
yǎn　掩眼演
yàn　厌咽艳宴验雁焰燕
yāng　央殃秧
yáng　扬羊阳杨洋
yǎng　仰养氧痒
yàng　样
yāo　妖要腰邀
yáo　窑摇谣遥
yǎo　咬
yào　药要钥耀
yé　邪爷
yě　也冶野
yè　业叶砚夜咽液
yī　一衣医依椅
yí　仪宜姨移遗疑
yǐ　乙已以尾蚁倚椅
yì　亿议艺忆议亦异役译易疫益谊意毅翼
yīn　因阴音姻
yín　银
yǐn　引饮隐
yìn　印饮
yíng　迎盈营蝇赢
yǐng　影
yìng　应映硬
yù　育
yōng　佣拥庸
yǒng　永咏泳勇涌
yòng　用佣
yōu　优忧悠
yóu　尤由邮犹油游
yǒu　友有
yòu　又右幼有诱
yú　于余鱼娱渔愉榆愚
yǔ　与予屿宇羽雨语
yù　与玉育狱浴预域欲遇御裕愈誉
yuān　冤
yuán　元圆原圆援缓源
yuǎn　远
yuàn　怨院愿
yuē　约
yuè　月乐钥阅悦跃越
yūn　晕
yún　云匀员
yǔn　允
yùn　孕运员晕韵

Z

zā　扎
zá　杂
zāi　灾栽
zǎi　载宰
zài　再在载
zán　咱
zàn　暂赞
zāng　脏
zàng　脏葬藏
zāo　遭糟
zǎo　早枣澡
zào　皂灶造燥躁

zé 则责择泽
zéi 贼
zěn 怎
zēng 曾增
zèng 赠
zhā 札查渣
zhá 扎轧闸炸
zhǎ 眨
zhà 炸榨
zhāi 摘
zhái 宅择
zhǎi 窄
zhài 债寨
zhān 占沾粘
zhǎn 斩盏展崭
zhàn 占战站颤
zhāng 张章
zhǎng 长涨掌
zhàng 丈仗帐胀涨障
zhāo 招着朝
zháo 着
zhǎo 爪找
zhào 召兆赵照罩
zhē 折遮
zhé 折哲
zhě 者
zhè 这浙
zhe 着
zhēn 贞针侦珍真
zhěn 诊枕
zhèn 阵振震镇
zhēng 争征挣症睁筝蒸
zhěng 整
zhèng 正证郑政挣症
zhī 之支只汁芝枝知肢织脂蜘
zhí 妨直倒值职植殖
zhǐ 止只旨指扯纸
zhì 至志识帜制质治致秩智置
zhōng 中忠终钟
zhǒng 肿种
zhòng 中众种重
zhōu 舟州周洲粥
zhòu 宙昼皱骤
zhū 朱珠株诸猪蛛
zhú 术竹逐烛
zhǔ 主煮属嘱
zhù 助住注驻柱祝著铸筑
zhuā 抓
zhuǎ 爪
zhuān 专砖
zhuǎn 转
zhuàn 传转赚
zhuāng 庄装
zhuàng 壮状撞
zhuī 追
zhǔn 准
zhuō 捉桌
zhuó 浊啄着
zī 姿姿滋
zǐ 子仔紫
zì 自字
zi 子
zōng 宗棕踪
zǒng 总
zòng 纵
zǒu 走
zòu 奏
zū 租
zú 足族
zǔ 阻组祖
zuān 钻
zuàn 钻

zuǐ　嘴
zuì　最罪醉
zūn　尊遵
zuō　作
zuó　昨
zuǒ　左
zuò　作坐座做

三、次常用字标准读音

(1000)

A

ā 腌
āi 哎埃
ái 癌
ǎi 蔼
ài 艾隘
ān 氨庵鞍
ǎn 俺
āng 肮
āo 凹熬
áo 熬
ào 拗澳懊

B

bā 叭芭捌笆
bá 跋
bǎ 靶
bà 耙
bāi 掰
bān 扳颁
bàn 绊
bāng 邦梆
bàng 蚌谤磅
bāo 苞褒
bào 刨豹
bēi 卑
bèi 狈惫焙
bēng 崩绷
běng 绷
bèng 泵蚌绷
bí 荸
bǐ 匕秕
bì 庇泌蓖痹璧
biān 蝙
biǎn 贬匾
biāo 彪膘
biē 憋瘪鳖
biě 瘪
bīn 彬缤濒
bìn 鬓
bǐng 秉屏禀
bó 勃舶渤
bǒ 跛簸
bò 簸
bǔ 哺
bù 埠簿

C

cāng 沧
cāo 糙
cáo 曹
cèng 蹭
chā 杈喳
chá 茬碴
chǎ 衩
chà 杈刹衩
chái 豺
chān 掺搀
chán 蝉
chǎn 阐
chāng 猖
chāo 绰剿
cháo 巢嘲
chè 澈
chén 忱
chēng 铛
chéng 澄橙
chěng 逞
chī 嗤痴
chí 驰

chǐ 侈
chǒng 宠
chóu 畴
chú 雏橱
chù 矗
chuāi 揣
chuǎi 揣
chuài 揣
chuáng 幢
chuí 捶
chūn 椿
chún 淳醇
chuō 戳
chuò 绰
chuo 绰
cí 祠瓷雌
cì 伺赐
cōng 囱
cù 簇
cuán 攒
cuàn 篡
cuī 崔
cuì 悴粹
cuō 搓撮
cuò 挫措锉

D

dá 瘩
da 瘩
dǎi 歹
dǎn 掸
dàn 氮
dāng 铛裆
dǎo 捣祷
dēng 蹬
dèng 邓澄瞪蹬
dī 嘀
dí 涤嘀嫡
dì 蒂缔
diān 掂
diǎn 碘
diàn 佃甸玷淀惦奠
diāo 刁碉
dié 谍碟
dǐng 鼎
dìng 锭
dōu 兜
dǒu 蚪
dòu 痘
dú 牍
dǔ 睹
dù 妒镀
duì 兑
dūn 敦墩
dǔn 盹
dùn 囤钝
duō 哆
duó 踱
duǒ 垛
duò 驮垛舵堕跺

E

é 讹俄
è 扼遏愕噩鳄
ěr 饵尔
èr 贰

F

fá 筏
fán 矾樊
fáng 肪
fēi 菲啡
fěi 诽菲
fèi 吠
fēn 氛
fén 焚
fèn 忿
fēng 枫
féng 冯

fū 麸孵敷
fú 凫芙拂袱辐蝠
fǔ 甫脯
fù 赋缚

G

gā 咖
gài 丐芥钙
gān 柑
gǎn 橄
gāng 肛
gāo 羔篙
gǎo 镐
gē 戈疙
gé 蛤
gēng 羹
gěng 埂耿梗
gōng 蚣
gǒng 汞拱
gǒu 苟
gòu 垢
gū 咕沽菇箍
gǔ 贾
gù 雇
guǎ 寡
guà 卦褂
guān 棺
guàng 逛
guī 闺硅瑰
guǐ 诡
guì 刽
guō 郭涡

H

hā 哈
hài 亥骇
hān 酣憨
hán 函涵韩
hǎn 罕
hàn 捍焊撼翰憾
hāng 夯
háng 吭杭
hāo 蒿
háo 壕嚎
hào 镐
hē 呵
hè 赫褐鹤
hēi 嘿
hēng 哼
hóng 鸿
hóu 侯
hòu 侯
hú 弧葫
hǔ 唬
hù 沪
huà 桦
tān 徊滩
huàn 宦涣焕痪
huáng 凰惶蝗蟥
huǎng 恍幌
huī 徽
huí 茴蛔
huì 讳诲晦秽溃
hūn 荤
huō 豁
huò 霍豁

J

jī 讥叽唧畸箕稽
jí 棘辑嫉
jì 妓荠祭寂鲫冀
箕
jiā 枷
jiá 荚颊
jiǎ 贾钾
jiǎn 柬碱
jiàn 涧溅
jiāng 缰
jiǎng 蒋

jiāo 礁
jiǎo 侥矫剿
jiào 窖酵
jiē 秸
jiè 芥诫
jīn 襟
jīng 荆兢鲸
jǐng 阱
jìng 靖
jiǒng 窘
jiū 鸠
jiǔ 玖灸韭
jiù 臼疚
jū 驹
jǔ 沮
jù 炬沮
juān 鹃
juàn 眷
jué 诀倔爵
juè 倔
jūn 钧
jùn 峻骏竣

K

kā 咖
kāi 揩
kǎi 楷
kān 勘
kǎn 坎
kāng 慷
kǎo 拷
kào 铐
kē 坷苛呵磕蝌
kě 坷
kěn 啃
kēng 吭
kōu 抠
kū 窟
kuà 胯
kuài 筷
kuàng 眶
kuī 盔窥
kuí 魁
kuǐ 傀
kuì 溃
kūn 坤
kuò 廓

L

lái 莱
lài 癞
lán 澜
lǎn 揽缆榄
láng 琅榔
láo 唠
lào 烙酪
léi 擂
lěi 蕾儡
lèi 肋擂
lèng 棱愣
lī 哩
lí 漓篱
lǐ 鲤
lì 吏沥荔俐莉砾
雳痢
liǎn 敛
liàng 晾
liāo 撩
liáo 聊寥撩嘹缭燎
liǎo 潦燎
liào 镣
liē 咧
liě 裂
lín 琳磷鳞
lǐn 凛檩
lìn 吝赁躏
líng 玲凌菱蛉翎棱
liú 琉硫馏瘤

lóng 咙胧窿
lóu 娄
lǒu 篓
lòu 陋
lú 卢庐颅
lǔ 卤
lù 赂
lǚ 吕侣铝缕履
lǜ 氯
luán 峦
lūn 抡
lún 仑伦抡沦
luó 罗
luó 逻
luǒ 裸
luò 洛烙

M

má 蟆
mǎ 玛
màn 曼蔓幔
máng 氓
mǎng 莽
máo 锚
mǎo 铆
méi 玫枚煤楣
mèi 昧媚
méng 檬朦
měng 锰
mī 咪
mí 弥靡糜
mǐ 靡
mì 觅泌
miǎn 娩冕缅
miáo 瞄
miǎo 渺藐
mǐn 皿闽悯
míng 铭螟
miù 谬
mó 馍摹蘑
mò 茉陌寞
mǔ 牡拇姆
mù 沐募睦穆

N

nà 呐钠娜捺
nài 奈
něi 馁
nǐ 拟
nì 昵匿腻溺
niān 蔫
niǎn 捻撵碾
niè 聂镊孽
níng 狞柠
nǐng 拧
nìng 泞
niǔ 钮
niù 拗
nóng 脓
nüè 疟虐
nuó 娜
nuò 诺懦糯

O

ōu 殴鸥
ǒu 呕藕

P

pá 耙
pà 帕
pái 徘
pài 湃
pān 潘
pàn 畔
páng 庞磅螃
páo 刨咆
pēi 胚
pèi 沛
pēng 砰烹
péng 彭硼鹏澎篷

pī 坯霹
pí 啤
pì 屁譬
piān 翩
piáo 瓢
pín 频
pìn 聘
píng 冯坪屏
pō 颇
pú 菩脯蒲
pǔ 圃浦
pù 瀑

Q

qī 柒栖凄喊
qí 歧祈荠脐畦畸
鳍
qǐ 稽
qì 迄泣契
qiā 掐
qián 乾黔
qiǎn 谴
qiàn 嵌
qiāng 呛
qiàng 呛
qiāo 跷
qiáo 荞翘憔
qiào 俏峭窍翘撬
qiè 怯
qīn 钦
qín 秦擒
qǐn 寝
qīng 氢卿
qíng 擎
qióng 琼
qiū 蚯
qiú 囚
qū 岖蛆躯
qǔ 娶
quán 痊
qué 瘸

R

ráng 瓤
rǎng 攘
rèn 纫韧
róng 茸蓉溶榕
rǒng 冗
róu 蹂
rú 儒蠕
rù 褥
ruǐ 蕊
rùn 闰

S

sà 飒萨
sāi 腮
sān 叁
sāo 搔骚臊
sào 臊
sè 涩瑟
sēng 僧
shā 杉刹砂煞
shǎn 掺陕闪
shàn 苫擅膳赡
shà 啥
shà 煞霎
shān 杉苫珊栅
sháo 芍
shē 奢赊
shè 赦
shēn 呻绅
shēng 笙甥
shī 虱
shǐ 矢屎
shì 拭恃嗜
shū 抒枢淑
shú 秫赎
shǔ 黍署蜀曙

shù　恕庶墅漱
shuài　蟀
shuān　栓
shuàn　涮
shǔn　吮
shùn　瞬
shuò　烁硕
sī　嘶
sì　伺
sǒng　耸
sòng　讼
sū　酥
sù　粟溯
suí　遂
suǐ　髓
suì　祟遂隧
suō　唆梭嗦
suǒ　琐

T

tà　拓蹋
tāi　苔胎
tái　苔
tài　汰
tān　瘫
tán　昙谭潭檀
tǎn　袒
tàn　碳
táng　棠
lǎng　淌
téng　誊藤
tī　剔
tí　啼
tì　屉涕
tián　恬
tiǎn　舔
tiáo　笤
tíng　廷
tóng　彤瞳
tǒng　捅
tū　凸
tuí　颓
tuǐ　蜕褪
tún　囤臀
tùn　褪
tuó　驮鸵
tuǒ　椭
tuò　拓唾

W

wā　洼
wān　豌
wǎn　宛惋婉
wàn　腕蔓
wǎng　枉
wēi　偎薇巍
wéi　桅
wěi　苇纬萎
wèi　谓尉猥蔚魏
wēn　瘟
wěn　吻紊
wēng　嗡
wèng　瓮
wō　涡蜗
wū　巫诬
wú　芜梧蜈
wǔ　捂鹉
wù　坞晤

X

xī　昔晰犀熙嬉蟋
xí　媳
xǐ　铣徙
xiá　匣侠暇辖
xiān　锨
xián　涎舷
xiǎn　铣
xiàn　腺
xiāng　厢湘镶

xiáng 翔
xiāo 萧硝箫嚣
xiáo 淆
xiào 肖哮啸
xiē 楔蝎
xié 挟谐
xiè 懈蟹
xīn 芯锌
xìn 芯衅
xīng 猩
xíng 邢
xiōng 匈汹
xiù 嗅
xū 吁
xù 旭恤酗婿
xuān 轩喧
xuán 玄旋
xuǎn 癣
xuàn 炫
xuē 靴薛
xūn 勋熏
xùn 汛驯逊殉熏

Y

yá 蚜涯衙
yà 讶
yān 殷腌
yán 阎蜓檐
yǎn 奄衍
yàn 砚唁谚堰
yāng 鸯
yàng 漾
yāo 夭吆
yáo 侥肴姚
yǎo 舀
yào 疟
yē 掖椰
yè 掖谒腋
yī 伊揖壹
yí 夷胰
yì 艾几抑邑绎奕逸肆溢
yīn 菌殷
yín 吟淫
yǐn 蚓瘾
yīng 莺婴缨鹦
yíng 荧莹萤
yǐng 颖
yō 哟
yo 哟
yǒng 蛹踊
yōu 幽
yòu 佑
yū 迂淤
yú 隅逾舆
yù 芋吁郁尉喻寓蔚豫
yuān 鸳渊
yuán 袁猿辕
yuè 岳粤
yún 耘
yǔn 陨
yùn 酝蕴

Z

zá 砸
zǎn 攒
zāng 脏
záo 凿
zǎo 蚤藻
zào 噪
zēng 憎
zhā 喳
zhá 铡
zhà 乍诈栅
zhāi 斋
zhān 毡瞻
zhàn 栈绽蘸

zhāng 彰樟
zhàng 杖帐
zhāo 昭
zhǎo 沼
zhé 辙
zhè 蔗
zhēn 斟榛
zhěn 疹
zhēng 怔狰
zhěng 拯
zhī 吱
zhǐ 趾
zhì 挚掷窒滞稚
zhōng 盅衷
zhòng 仲
zhóu 轴
zhǒu 肘帚
zhòu 咒轴
zhǔ 拄
zhù 贮蛀
zhuàn 撰
zhuāng 妆桩
zhuàng 幢
zhuī 椎锥
zhuì 坠缀赘
zhūn 谆
zhuō 拙
zhuó 灼茁酌琢卓
zī 吱咨
zǐ 姊籽滓
zōng 综
zòu 揍
zú 卒
zǔ 组
zuó 琢
zuǒ 撮

四、普通话异读词审音表

（1985年12月修订）

A

阿（一）ā

～訇　～罗汉

～木材　～姨

（二）ē

～谀　～附　～胶

～弥陀佛

挨（一）ái

～打　～说

癌 ái（统读）

霭 ǎi（统读）

蔼 ǎi（统读）

隘 ài（统读）

谙 ān（统读）

埯 ǎn（统读）

昂 áng（统读）

凹 āo（统读）

拗（一）ào

～口

（二）niù

执～　脾气很～

坳 ào（统读）

B

拔 bá（统读）

把 bà

印～子

白 bái（统读）

膀 bǎng

翅～

蚌（一）bàng

蛤～

（二）bèng

～埠

傍 bàng（统读）

磅 bàng

过～

龅 bāo（统读）

胞 bāo（统读）

薄（一）báo（语）

常单用，

如“纸很～”。

（二）bó（文）多

用于复音词。

～弱　稀～

单～　厚～

堡（一）bǎo

碉～　～垒

（二）bǔ

～子　吴～

瓦窑～柴沟～

（三）pù

十里～

暴（一）bào

～露

（二）pù

～（曝）十寒

爆 bào（统读）

焙 bèi（统读）

惫 bèi（统读）

背 bèi

～背脊　～静

鄙 bǐ（统读）

俾 bǐ（统读）

笔 bǐ（统读）

比 bǐ（统读）

臂（一）bì

手～　～膀

（二）bei 胳～

庇 bì（统读）

髀 bì（统读）

避 bì（统读）

辟 bì

复～

裨 bì

～补　～益

婢 bì（统读）

痹 bì（统读）

壁 bì（统读）

蝙 biān（统读）

遍 biàn（统读）

骠（一）biāo

黄～马

（二）piào

～骑　～勇

傧 bīn（统读）

缤 bīn（统读）

濒 bīn（统读）

髌 bìn（统读）

屏（一）bǐng

～除　～弃

～气　～息

（二）píng

～藩　～风

柄 bǐng（统读）

波 bō（统读）

播 bō（统读）

菠 bō（统读）

剥（一）bō（文）

～削

泊（一）bó

淡～　飘～

停～

（二）pō

湖～　血～

帛 bó（统读）

勃 bó（统读）

钹 bó（统读）

伯（一）bó

～ ～(bo)
老～
(二) bǎi
大～子(丈夫的哥哥)
箔 bó(统读)
簸 (一) bǒ
颠～
(二) bò
～箕
膊 bó
胳～
卜 bo
萝～
哺 bǔ(统读)
捕 bǔ(统读)
埠 bù(统读)

C

残 cán(统读)
惭 cán(统读)
灿 càn(统读)
藏 (一) cáng
矿～
(二) zàng
宝～
糙 cāo(统读)
嘈 cáo(统读)
螬 cáo(统读)
厕 cè(统读)
岑 cén(统读)
差 (一) chā(文)
不～累黍
不～什么
偏～ 色～
～别 视～
误～ 电势～
一念之～
～池 ～错
言～语错
一～二错
阴错阳～
～等 ～额
～价
～强人意
～数 ～异
(二) chà(语)
～不多
～不离
～点儿
(三) cī
参～
猹 chá(统读)
搽 chá(统读)
阐 chǎn(统读)
羼 chàn(统读)
颤 (一) chàn
～动 发～
(二) zhàn
～栗(战栗)
打～(打战)
钞 chāo(统读)
巢 cháo(统读)
嘲 cháo
～讽 ～骂
～笑
耖 chào(统读)
车 (一) chē
安步当～
杯水～薪
闭门造～
螳臂当～
(二) jū
(象棋棋子名称)
晨 chén(统读)
称 chèn
～心 ～意
～职 对～
相～
撑 chēng(统读)
乘 (动作义,念 chéng)
包～制 ～便
～风破浪 ～客
～势 ～兴
橙 chéng(统读)
惩 chéng(统读)
澄 (一) chéng(文)
～清(如"～清
混乱"、
"～清问题")
(二) dèng(语)
单用,如"把水
～清了"。
痴 chī(统读)
吃 chī(统读)
弛 chí(统读)
褫 chǐ(统读)
尺 chǐ
～寸 头
豉 chǐ(统读)
侈 chǐ(统读)
炽 chì(统读)
舂 chōng(统读)
冲 chòng
～床 ～模
臭 (一) chòu
遗～万年
(二) xiù
乳～ 铜～
储 chǔ(统读)
处 chǔ(动作义)
～罚 ～分
～决 ～理
～女 ～置
畜 (一) chù(名物义)
～力 家～
特～ 幼～
(二) xù(动作义)
～产 ～牧
～养
触 chù(统读)
搐 chù(统读)

绌 chù（统读）
黜 chù（统读）
闯 chuǎng（统读）
创（一）chuàng
　草～　～举
　首～　～造
　～作
（二）chuāng
　～伤　重～
绰（一）chuò
　～～有余
（二）chāo
　宽～
疵 cī（统读）
雌 cí（统读）
赐 cì（统读）
伺 cì
　～侯
枞（一）cōng
　～树
（二）zōng 阳（地名）
从 cóng（统读）
丛 cóng（统读）
攒 cuán
　万头～动
　万箭～心
脆 cuì
撮（一）cuō
　～儿
　一～儿盐
　一～儿匪帮
（二）zuǒ
　一～儿毛
措 cuò（统读）

D

搭 dā（统读）
答（一）dá
　报～　～复
（二）dā
　～理　～应
打 dá
　苏～
　一～（十二个）
大（一）dà
　～夫（古官名）
　～王（如爆破～王
　钢铁　～王）
（二）dài
　～夫（医生）
　～黄
　～王（如山～王）
　～城（地名）
呆 dāi（统读）
傣 dǎi（统读）
逮（一）dài（文）
　～捕
（二）dǎi（语）
　单用，如“～蚊子”、“～特务”。
当（一）dāng
　～地　～间儿
　～年（指过去）
　～日（指过去）
　～天（指过去）
　～时（指过去）
　螳臂～车
（二）dàng
　一个～俩
　安步～车
　适～
　～年（同一年）
　～日（同一时侯）
　～天（同一天）
档 dàng（统读）
蹈 dǎo（统读）
导 dǎo（统读）
倒（一）dǎo（统读）
　颠～
　颠～是非
　颠～黑白　～扳
　颠三～四
　～嚼
　倾箱～箧
　～仓
　排山～海
　～嗓
　～戈　潦～
（二）dào
　～粪（把粪弄碎）
掉 diào（统读）
悼 dào（统读）
凳 dèng（统读）
羝 dī（统读）
氐 dī［古民族名］
堤 dī（统读）
提 dī
　～防
的 dī
　～当　～确
抵 dǐ（统读）
蒂 dì（统读）
缔 dì（统读）
谛 dì（统读）
点 diǎn
　打～（收拾、贿赂）
跌 diē（统读）
蝶 dié（统读）
订 dìng（统读）
都（一）dōu
　～来了
（二）dū
　～市　首～
　大～（大多）
堆 duī（统读）
吨 dūn（统读）
盾 dùn（统读）
咄 duō（统读）
掇（一）duō
　（“拾取、采取”义）
（二）duō

擤～ 掂～
裰 duō（统读）
踱 duó（统读）
度 duó
忖～
～德量力
E
婀 ē（统读）
F
伐 fá（统读）
阀 fá（统读）
砝 fǎ（统读）
法 fǎ（统读）
发 fà
理～ 脱～
结～
帆 fān（统读）
藩 fān（统读）
梵 fàn（统读）
坊（一）fāng
牌～ ～巷
（二）fáng
粉～ 磨～
碾～ 染～
油～ 谷～
妨 fáng（统读）
防 fáng（统读）
肪 fáng（统读）
沸 fèi（统读）
汾 fén（统读）
讽 fěng（统读）
肤 fū（统读）
敷 fū（统读）
俘 fú（统读）
浮 fú（统读）
服 fù（统读）
服 fú
～毒 ～药
拂 fú（统读）
辐 fú（统读）
幅 fú（统读）
甫 fǔ（统读）
复 fù（统读）
缚 fù（统读）
G
噶 gā（统读）
冈 gāng（统读）
刚 gāng（统读）
岗 gǎng
～楼 ～哨
～子 门～
站～ 山～子
港 gǎng（统读）
葛（一）gé
～藤 ～布
瓜～
（二）gě［姓］
（包括单、复姓）
隔 gé（统读）
革 gé
～命 ～新
改～
合 gě（一升的十分之一）
给（一）gěi（语）单用。
（二）jǐ（文）
补～ 供～
供～制 ～予
配～
自～自足
亘 gèn（统读）
更 gēng
五～ ～生
颈 gěng
脖～子
供（一）gōng
～给 提～
～销
（二）gòng
口～ 翻～
上～
佝 gōu（统读）
枸 gǒu ～杞
勾 gòu ～当
骨（除“～碌”、“～朵”读 gū，骨头读 gú 外，都读 gǔ）
谷 gǔ
～雨
锢 gù（统读）
冠（一）guān（名物义）
（二）guàn（动作义）
沐猴而～
～军 ～心病
犷 guǎng（统读）
庋 guǐ（统读）
桧（一）guì（树名）
（二）huì（人名）
“秦～”。
刽 guì（统读）
聒 guō（统读）
蝈 guō（统读）
过（除姓氏读 guō 外，都读 guò）
H
虾 há
～蟆
xiā
～子
哈（一）hǎ
～达
（二）hà
～什蚂
汗 hán
可～
巷 hàng
～道
号 háo
寒～虫
和（一）hè
唱～ 附～

曲高～寡
(二) huó
搀～
搅～　暖～
热～　软～
貉 (一) hé (文)
一丘之～
(二) háo (语)
～绒　子
壑 hè (统读)
褐 hè (统读)
喝 hè
～采　～道
～令　～止
幺～六
鹤 hè (统读)
黑 hēi (统读)
亨 hēng (统读)
横 (一) héng
～肉
～行霸道
(二) hèng
蛮～　～财
訇 hōng (统读)
虹 (一) hóng (文)
～彩　～吸
(二) jiàng (语)
单说
讧 hòng (统读)
囫 hú (统读)
瑚 hú (统读)
蝴 hú (统读)
桦 huà (统读)
徊 huái (统读)
踝 huái (统读)
浣 huàn (统读)
黄 huáng (统读)
荒 huāng
饥～ (指经济困难)
诲 huì (统读)
贿 huì (统读)
会 huì
一～儿
多～儿
～厌 (生理名词)
混 hùn
～合　～乱
～凝土
～淆　～血儿
～杂
蠖 huò (统读)
霍 huò (统读)
豁 huò
～亮
获 huò (统读)

J

羁 jī (统读)
击 jī (统读)
奇 jī
～数
芨 jī (统读)
缉 (一) jī
通～　侦～
(二) qī
～鞋口
几 jǐ
茶～　条～
圾 jí (统读)
戢 jí (统读)
疾 jí (统读)
汲 jí (统读)
棘 jí (统读)
藉 jí
狼～ (藉)
嫉 jí (统读)
脊 jǐ (统读)
纪 (一) jǐ [姓]
(二) jì
～念　～律
纲～　～元
偈 jì
～语
绩 jì (统读)
迹 jì (统读)
寂 jì (统读)
箕 ji
簸～
辑 jí
逻～
茄 jiā
雪～
夹 jiā
～带藏掖
～道儿
～攻　～棍
～生　～注
～竹桃　～杂
浃 jiā (统读)
甲 jiǎ (统读)
歼 jiān (统读)
鞯 jiān (统读)
间 (一) jiān
～ 不容发
中～
(二) jiàn
～道
中～儿　～谍
～断　～或
～接　～距
～隙　～续
～阻　～作
挑拔离～
趼 jiǎn (统读)
俭 jiǎn (统读)
缰 jiāng (统读)
嚼 (一) jiáo (语)
味同～蜡
咬文～字
(二) jué (文)
咀～

过屠门而大～
(三) jiào
倒～(倒嚼)
侥 jiǎo
～幸
角 (一) jiǎo
八～(大茴香)
～落 独～戏
～膜 ～度
～儿(犄～)
～楼 号～
勾心斗～
口～(嘴～)
鹿～菜 头～
(二) jué
～斗 主～儿
配～儿
～儿(脚色)
～力
口～(吵嘴)
捧～儿
脚 (一) jiǎo
～根
(二) jué
～儿(也作"角儿,脚色)
剿 (一) jiǎo
围～
(二) chāo
～说 ～袭
校 jiào
～勘 ～样
～正
较 jiào(统读)
酵 jiào(统读)
嗟 jiē(统读)
疖 jiē(统读)
结 (除"～了个果子"、"开花～果"、"～巴"、"～实"念 jiē 之处,其他都念 jié)
睫 jié(统读)
芥 (一) jiè
～菜(一般的芥菜)
～末
(二) gài
～菜(也作"盖菜")
～篮菜
矜 jīn
～持
自～ ～怜
仅 jǐn
～～
绝无～有
馑 jǐn(统读)
觐 jìn(统读)
浸 jìn(统读)
斤 jīn
千～(起重的工具)
茎 jīng(统读)
粳 jīng(统读)
鲸 jīng(统读)
境 jìng(统读)
痉 jìng(统读)
劲 jìng
刚～
窘 jiǒng(统读)
究 jiū(统读)
纠 jiū(统读)
鞠 ju(统读)
鞫 jū(统读)
掬 jū(统读)
苴 jū(统读)
咀 jǔ
～嚼
矩 (一) jǔ
～形
(二) ju
规～
俱 jù(统读)
龟 jūn(统读)
～裂(也作皲裂)
菌 (一) jūn
细～ 病～
杆～ 霉～
(二) jùn
香～ ～子
俊 jùn(统读)

K

卡 (一) kǎ
～宾枪 ～车
～介苗 ～车
～通
(二) qiǎ
～子 关～
揩 kāi(统读)
慨 kǎi(统读)
忾 kài(统读)
勘 kān(统读)
看 kān
～管 ～护
～守
慷 kāng(统读)
拷 kǎo(统读)
坷 kē
～拉(垃)
疴 kē(统读)
壳 (一) ké(语)
～儿 贝～儿
脑～ 驳～枪
(二) qiào(文)
地～ 甲～
躯～
可 (一) kě
～～儿的
(二) kè
～汗
恪 kè(统读)
刻 kè(统读)
克 kè(统读)

空 （一） kōng
～心砖　～城计
（二） kòng
～心吃药
抠 kōu（统读）
酷 kù（统读）
框 kuàng（统读）
矿 kuàng（统读）
傀 kuǐ（统读）
溃 （一） kuì
～烂
（二） huì
～脓
篑 kuì（统读）
括 kuò（统读）

L

垃 lā（统读）
邋 lā（统读）
罱 lǎn（统读）
缆 lǎn（统读）
琅 láng（统读）
捞 lāo（统读）
劳 láo（统读）
烙 （一） lào
～印　～铁
～饼
（二） luò
炮～（古酷刑）
勒 （一） lè（文）
～逼　～令
～派　～索
悬崖～马
（二） lēi（语）
多单用
擂（除"～台"、"打～"读 lèi 外，都读 léi）
羸 léi（统读）
蕾 lěi（统读）
累 （一） lèi
（辛劳义，如"受～"[受劳～]）
（二） léi（如"～赘"）
（三） lěi
（牵连义，如"带～"、"～及"、"连～"、"赔～"、"牵～"、"受～"
蠡 （一） lí
管窥～测
（二） lǐ
～县　范～
喱 lí（统读）
连 lián（统读）
敛 liǎn（统读）
恋 liàn（统读）
量 （一） liáng
～人为出
忖～
（二） liàng
打～　掂～
踉 liàng
～跄
潦 liǎo
～草　～倒
劣 liè（统读）
趔 liè（统读）
拎 līn（统读）
遴 lín（统读）
淋 （一） lín
～浴　～漓　～巴
（二） lìn
～硝　～盐　～病
蛉 líng（统读）
榴 liú（统读）
馏 （一） liú（文）如"干～""蒸～"
（二） liù（语）如"～馒头"。
镏 liú
～金
碌 liù
～碡
笼 （一） lóng（名称义）
～络　～统　～一罩
偻 （一） lóu
佝～
（二） lǚ
虏 lǔ（统读）
掳 lǔ（统读）
露 （一） lù（文）
赤身～体　～天
藏头～尾　～骨
～头角
抛头～面　～头（矿）
（二） lòu（语）
～富　～苗
～光　～相
～马脚　～头
榈 lǘ（统读）
捋 （一） lǚ
～胡子
（二） luō
～袖子
绿 （一） lǜ（语）
（二） lù（文）
～林　鸭～江
孪 luán（统读）
挛 luán（统读）
掠 lüè（统读）
囵 lún（统读）
络 luò
～腮胡子
落 （一） luò（文）
～膘　～花生
～魄　涨～
～槽　着～
（二） lào（语）
～架　～色
～炕　～枕
～儿　～子

（一种曲艺）
（三）là（语）遗落义。
丢三～四
～在后面

M

脉（除“～～”念 mò mò 外，一律念 mài）
漫 màn（统读）
蔓（一）màn（文）
～延
不～不支
（二）wàn（语）
摩 mó
按～ 抚～
嬷 mā（统读）
墨 mò（统读）
沫 mò（统读）
缪 miù miào（统读）

N

难（一）nán
困～（或变轻声）～兄～弟
（难得的兄弟，现多用作贬义）
（二）nàn
排～解纷 发～
刁～ 责～
～兄～弟
（共患难或同受苦难的人）
蝻 nǎn（统读）
蛲 náo（统读）
讷 nè（统读）
馁 něi（统读）
嫩 nèn（统读）
恁 nèn（统读）
妮 nī（统读）
拈 niān（统读）
鲇 nián（统读）
酿 niàng（统读）
尿（一）niào
糖～症
（二）suī（只用于口语名词）
尿（niào）～
～脬
嗫 niè（统读）
宁（一）níng
安～
（二）nìng
～可 无～［姓］
忸 niǔ（统读）
脓 nóng（统读）
弄（一）nòng
玩～
（二）lòng
～堂
暖 nuǎn（统读）
衄 nù（统读）
疟（一）nüè（文）
～疾
（二）yào（语）
发～子
娜（一）nuó
婀～ 袅～
（二）nà（人名）

O

殴 ōu（统读）
呕 ǒu（统读）

P

杷 pá（统读）
琶 pá（统读）
牌 pái（统读）
排 pǎi
～子车
迫 pǎi
～击炮
湃 pài（统读）
爿 pán（统读）
胖 pán（统读）
蹒 pán（统读）
畔 pàn（统读）
乓 pāng（统读）
滂 pāng（统读）
脬 pāo（统读）
胚 pēi（统读）
喷（一）pēn
～嚏
（二）pèn
～香
（三）pen
嚏～
澎 péng（统读）
坯 pī（统读）
披 pī（统读）
匹 pǐ（统读）
僻 pì（统读）
譬 pì（统读）
片（一）piàn
～子 ～唱
画～ 相～
影～儿 ～儿会
（二）piān（口语一部分词）
～子 ～儿
唱～儿
画～儿
相～儿
影～儿
剽 piāo（统读）
缥 piāo
～缈（飘渺）
撇 piē
～弃
聘 pìn（统读）
乒 pīng（统读）
颇 pō（统读）
剖 pōu（统读）
仆（一）pū

前～后继
（二）pú
～从
扑 pū（统读）
朴（一）pǔ
俭～ ～素 ～质
（二）pō～刀
（三）pò～硝 厚～
蹼 pǔ（统读）
瀑 pù
～布
曝（一）pù
一～十寒
（二）bào
～光（摄影术语）

Q

栖 qī
两～
戚 qī（统读）
漆 qī（统读）
期 qī（统读）
蹊 qī（统读）
蛴 qí（统读）
畦 qí（统读）
萁 qí（统读）
骑 qí（统读）
企 qǐ（统读）
绮 qǐ（统读）
杞 qǐ（统读）
洽 qià（统读）
签 qiān（统读）
潜 qián
荨（一）qián（文）
～麻
（二）xún（语）
～麻诊
嵌 qiàn（统读）
欠 qiàn
打哈～
戕 qiāng（统读）
镪 qiāng
～水
强（一）qiáng
～渡
～取豪夺
～制博闻 ～识
（二）qiǎng
勉～ 牵～
～词夺理
～迫 ～颜为笑
（三）jiàng
倔～
襁 qiǎng（统读）
跄 qiàng（统读）
悄（一）qiāo
～～儿的
（二）qiǎo
～默声儿的
橇 qiào（统读）
翘（一）qiào（语）
～尾巴
（二）qiáo（文）
～首 ～楚 连～
怯 qiè（统读）
挈 qiè（统读）
趄 qiè
趔～
衾 qīn（统读）
噙 qín（统读）
亲 qìng
～家
穹 qióng（统读）
黢 qū（统读）
渠 qú（统读）
瞿 qú（统读）
蠼 qú（统读）
苣 qǔ
～荬菜
龋 qǔ（统读）
趣 qù（统读）
雀 què ～斑 ～盲症

R

髯 rán（统读）
攘 rǎng（统读）
桡 ráo（统读）
绕 rào（统读）
任 rèn［姓，地名］
妊 rèn（统读）
容 róng（统读）
糅 róu（统读）
茹 rú（统读）
孺 rú（统读）
蠕 rú（统读）
辱 rǔ（统读）

S

噻 sāi（统读）
散（一）sǎn
懒～ 零零～～
～漫
（二）sàn
零～
丧 sàng
哭～着脸
扫（一）sǎo
～兴
（二）sào
～帚
埽 sào（统读）
色（一）sè（文）
（二）shǎi（语）
塞（一）sè（文）动作义
（二）sāi（语）名物义
煞（一）shā
～尾 收～
（二）shà
～白
啥 shà（统读）
厦（一）shà（语）
（二）xià（文）
～门 噶～

杉（一）shān（文）
紫～ 红～
水～
（二）shā
（语）～篙 ～木
衫 shān（统读）
姗 shān（统读）
苫（一）shàn（动作义，如“～布”）
（二）shān（名物义，如“草～子”）
墒 shāng（统读）
舍 shè
宿～
慑 shè（统读）
射 shè（统读）
娠 shēn（统读）
什（甚）shén
～么
蜃 shèn（统读）
葚（一）shèn（文）
桑～
（二）rèn（语）
桑～儿
胜 shèng（统读）
识 shí
常～ ～货
～字
似 shì
～的
室 shì（统读）
螫（一）shì（文）
（二）zhē（语）
匙 shi
钥～
殊 shū（统读）
蔬 shū（统读）
叔 shū（统读）
淑 shū（统读）
菽 shū（统读）
熟（一）shú（文）
（二）shóu（语）
署 shǔ（统读）
曙 shǔ（统读）
漱 shù（统读）
戍 shù（统读）
蟀 shuài（统读）
孀 shuāng（统读）
说 shuì
游～
数 shuò
～见不鲜
硕 shuò（统读）
艘 sōu（统读）
绥 suí（统读）
髓 suǐ（统读）
遂（一）suì
不～ 毛～自荐
（二）suí
半身不～
隧 suì（统读）
隼 sǔn（统读）
莎 suō
～草
缩（一）suō
收～
（二）sù
～砂密（一种植物）

T

趿 tā（统读）
獭 tǎ（统读）
沓（一）tà
重～
（二）ta
疲～
（三）dá
一～纸
苔（一）tái（文）
（二）tāi（语）
探 tàn（统读）
悌 tì（统读）
佻 tiāo（统读）
调 tiáo
～皮
贴（一）tiē
妥～
伏伏～～
俯首～耳
（二）tiě
请～ 字～儿
（三）tiè
字～ 碑～
听 tīng（统读）
庭 tíng（统读）
骰 tóu（统读）
凸 tū（统读）
突 tū（统读）
颓 tuí（统读）
蜕 tuì（统读）
臀 tún（统读）
唾 tuò（统读）

W

娲 wā（统读）
挖 wā（统读）
瓦 wà
～刀
蜿 wān（统读）
玩 wán（统读）
惋 wǎn（统读）
往 wǎng（统读）
忘 wàng（统读）
微 wēi（统读）
巍 wēi（统读）
薇 wēi（统读）
危 wēi（统读）
韦 wéi（统读）
违 wéi（统读）
唯 wéi（统读）
圩（一）wéi
～子

（二）xū
～（墟）场
纬 wěi（统读）
委 wěi（统读）
伪 wěi（统读）
萎 wěi（统读）
尾（一）wěi
～巴
（二）yǐ
马～儿
尉 wèi
～官
文 wén（统读）
闻 wén（统读）
紊 wěn（统读）
喔 wō（统读）
蜗 wō（统读）
诬 wū（统读）
梧 wú（统读）
乌 wù
～拉草
杌 wù（统读）
鹜 wù（统读）

X

夕 xī（统读）
汐 xī（统读）
晰 xī（统读）
析 xī（统读）
昔 xī（统读）
溪 xī（统读）
悉 xī（统读）
熄 xī（统读）
晰 xī（统读）
惜 xī（统读）
樨 xī（统读）
暇 xiá（统读）
吓 xià
杀鸡～猴
鲜 xiān
屡见不～
数见不～
锨 xiān（统读）
纤 xiān（统读）
涎 xián（统读）
弦 xián（统读）
陷 xiàn（统读）
霰 xiàn（统读）
向 xiàng（统读）
相 xiàng
～机行事
淆 xiáo（统读）
哮 xiāo（统读）
携 xié（统读）
偕 xié（统读）
挟 xié（统读）
械 xiè（统读）
馨 xīn（统读）
囟 xìn（统读）
行 xíng
操～ 德～
省 xǐng
内～ 反～ ～亲
宿 xiù
星～
二十八～
煦 xù（统读）
蓿 xu
苜～
癣 xuǎn（统读）
削（一）xuē（文）
剥～ ～减 瘦～
（二）xiāo（语）
切～ ～铅笔 ～球
穴 xué（统读）
学 xué（统读）
雪 xuě（统读）
血（一）xuè（文）用于复音词及成语，如“贫～”、“心～”、“呕心沥～”
（二）xiě（语）口语多单用，如“流了点儿～”及几个口语常用词，如：“鸡～”“～晕、”～块子“等。
谑 xuè（统读）
寻 xún（统读）
驯 xún（统读）
逊 xùn（统读）
熏 xùn
煤气～着了
徇 xùn（统读）
殉 xùn（统读）

Y

押 yā（统读）
崖 yá（统读）
哑 yǎ
～然失笑
亚 yà（统读）
殷 yān
～红
芫 yán
～荽
筵 yán（统读）
沿 yán（统读）
焰 yàn（统读）
夭 yāo（统读）
肴 yáo（统读）
杳 yǎo（统读）
舀 yǎo（统读）
钥（一）yào（语）
～匙
（二）yuè（文）
锁～
曜 yào（统读）
耀 yào（统读）
椰 yē（统读）
噎 yē（统读）
叶 yè
～公好龙

曳 yè
弃甲～兵
摇～
屹 yì（统读）
轶 yì（统读）
谊 yì（统读）
懿 yì（统读）
诣 yì（统读）
艾 yì
自怨自～
荫 yìn（统读）
（“树～”、“林～道”应作“树阴”、“林阴道”）
应（一）yīng
～届 ～名儿 ～许
提出的条件他都～了
是我～下来的任务
（二）yìng
～承 ～付 ～声
萦 yíng（统读）
映 yìng（统读）
佣 yōng
～工
庸 yōng（统读）
臃 yōng（统读）
拥 yōng（统读）
踊 yǒng（统读）
咏 yǒng（统读）
泳 yǒng（统读）
莠 yǒu（统读）
愚 yú（统读）
娱 yú（统读）
愉 yú（统读）
伛 yǔ（统读）
屿 yǔ（统读）
吁 yù
呼～
跃 yuè（统读）
晕（一）yūn
～倒 头～
（二）yùn
月～ 血～ ～车
酝 yùn（统读）

Z

匝 zā（统读）
杂 zá（统读）
载（一）zǎi
登～ 记～
（二）zài
搭～
怨声～道
重～ 装～
～歌～舞

五、湖北方言词汇、语法与普通话的对照

这里将湖北方言在词语、句法方面与普通话的常见差异例子组成对比例句，供读者进行辨析，以期提高人们的辨析能力。每组例子中，后边带“a”的，为普通话例句，b、c是a与语义有别的普通话例句。无符号者为方言例句。

1. a. 大家都等着你呢！a
   b. 大家都在等到你在！
   c. 你快来，大家都等到在。
2. a. 为这事儿，我妈会急死。a
   b. 为这事儿，我妈急着呢。
   c. 为这事儿，我妈急不过。
3. a. 我等一下就来。a
   b. 我等下子就来。
   c. 我等一下就来。
4. a. 孩子们饿了一天了。a
   b. 鸡们也饿了。
   c. 给猪们倒点儿食儿。
5. a. 这事我真的找不到。
   b. 这事我真的知不道。
   c. 这事我真的不知道。a
6. a. 把书给他。a
   b. 把书把他。
   c. 把书把给他。
7. a. 你搞什么名堂？a
   b. 你搞么子名堂？
   c. 你搞什么玩艺儿？b
   d. 你搞啥子名堂？
8. a. 他累得满头汗。a
   b. 他累得汗流。
   c. 他累的汗滴滴的。
   d. 他累得汗滴滴声。
9. a. 帽子要洗了。a
   b. 腿子变粗了。
   c. 鞋子也破了。
   d. 桶子也丢了。
10. a. 先坐下，你别慌嘛。a
    b. 先坐下，你别慌沙。
    c. 先坐下，你别慌呀。a
    d. 先坐下，你不慌着。
11. a. 他改作业直勾的。
    b. 他改作业直勾直勾的。
    c. 他必作业光打勾的。a
12. a. 他对我真好。a
    b. 他对我太好。
    c. 他对我太好了。b
13. a. 他忙得团团转。a
    b. 他忙都忙不彻。
    c. 他忙都忙不过来。b
14. a. 你忙什么呀？a
    b. 你忙啥子嘛？
    c. 你忙么子？
15. a. 他穿着浅红色衣服。a
    b. 他穿着淡红色衣服。b
    c. 他穿着红红色衣服。
16. a. 你要怎么搞？a
    b. 你要哪么搞？
    c. 你要么样搞？
17. a. 起风了，你把衣服穿上。a
    b. 起风了，你把衣服穿倒。
    c. 起风了，你把衣服穿起。
    d. 起风了，你把衣服穿好。a
18. a. 你想干什么？a
    b. 你想干么子？
    c. 你想干啥？a
    d. 你想干啥子？
19. a. 快把头低下。a
    b. 快把头低倒。
    c. 快把头低下来。a
20. a. 你别乱说。a

b. 你别胡说。b
c. 你莫乱说。
21. a. 这几个字太写大了。
b. 这几个字太写得大了。
c. 这几个字写得太大了。a
22. a. 他这个人真讨厌。a
b. 他这个人真讨人嫌。
c. 他这个人真讨嫌。b
23. a. 你要找谁？a
b. 你要找哪个？
c. 哪个找你？
24. a. 他这个人才狠。
b. 他这个人狠得很。a
c. 他这个人是狠人。
25. a. 我肚子饿得慌。
b. 我肚子饿得很。a
c. 我肚子饿得难受。b
26. a. 这孩子真乖。a
b. 他开会时多乖呀。
c. 我这是教你学乖。
27. a. 我身上好冷清。
b. 孩子一走，家里好冷清。a
c. 起风了，屋里好冷清。
28. a. 你上哪儿去？a
b. 你到哪里去？a
c. 你到哪里去嘞？
29. a. 他要搞，你也只好看着。a
b. 他要搞，你也只好看起。
c. 他要搞，你也只能望倒。
30. a. 他不会比你差。a
b. 他不得比你差。
c. 差，他就不得来。
31. a. 家里来了一大哈人。
b. 家里来了一皮条人。
c. 家里来了一屋人。a
32. a. 儿子早就要睡了。a
b. 儿子早就要睡不过了。
c. 儿子要睡不过了。
33. a. 他好神气。a
b. 他神气得很。b
c. 他神气流了的。
34. a. 你把书给他了？a
b. 你把书把他了？
c. 你把书把给他了？
35. a. 活太重，我受不了了。a
b. 活太重，我背不住了。
c. 活太重，我奈不何了。
d. 他讲的东西，你懂倒没有？
36. a. 我把几个本子他。
b. 我把你几个本子。
c. 我给你几个本子。a
d. 我给几个本子他。
37. a. 我奈不何他。
b. 你奈他不何。
c. 我打不过他。a
d. 我拿他没办法。b
38. a. 再没比这更便宜的了。a
b. 再没有比这更便宜的了。
c. 再没得比这更便宜的了。
d. 再没有比这更便宜的了。a
39. a. 你去不去街上？a
b. 你去去街上？
c. 你去，还是不去街上？a
d. 你去街上，还是不去街上？a
40. a. 他在前边飞的飞的跑。
b. 他在前边飞也似的跑。a
c. 他在前边飞快地跑。b
d. 他在前边跑得飞飞声。
41. a. 别尽他跑掉。
b. 别就让他跑掉。a
c. 别被他跑掉。
d. 别把他跑掉。
42. a. 这朵花真香。a
b. 这朵花喷香。b
c. 这朵花香喷哒。
d. 这朵花几香啊。

43. a. 我高他一大截。
 b. 我比他高一大截。a
 c. 我高他三寸。
44. a. 这本书多好看啊。a
 b. 这本书真好看啊。b
 c. 这本书几好看啊。
45. a. 他哪么那么坏。
 b. 他怎么那么坏。b
 c. 他咋那么坏。a
46. a. 这菜太咸。a
 b. 这菜几咸。
 c. 这菜齁咸。
47. a. 他今天高兴吗? a
 b. 他今天高高兴?
 c. 他今天高不高兴? a
 d. 他今天高兴不高兴? a
48. a. 他的手冰冷。a
 b. 他的手冷冰冰的。b
 c. 他的手冷冰哒。
 d. 他的手冰嘎凉的。
49. a. 你等一会儿再走。a
 b. 你等一下再走。a
 c. 你等下子再走。
50. a. 我看不惯他。a
 b. 我看他不惯。
 c. 我见不得他。
51. a. 他喝多了两杯。a
 b. 他多喝了两杯。b
 c. 他多搞了两杯。
52. a. 他的嘴真甜。a
 b. 他的嘴巴子真甜。
 c. 他的嘴太甜。
53. a. 快把灯关上。a
 b. 快把灯关倒。
 c. 快把灯关掉。b
54. a. 他有点苕。
 b. 他有点憨。b
 c. 他有点傻。a
 d. 他有点二黄。
55. a. 他把鱼杀一下。a
 b. 你把鱼刽下子。
 c. 你把鱼开剥一下。a
56. a. 你去做饭。a
 b. 你去烧火。
 c. 你去搞饭。
57. a. 你铺上垫絮。
 b. 你铺上辅底。a
 c. 你上棉絮。
 d. 你铺上网套。b
58. a. 他是个瘸子。a
 b. 他是个[illegible]子。
 c. 你是个跛子。a
 d. 他腿有毛病。b
59. a. 今天天气不错。a
 b. 今天天道蛮好。
 c. 今天天道不错。
60. a. 今天真倒霉。a
 b. 今天真背时。
 c. 今天真不走运。b
61. a. 我买碗包面。a
 b. 我买碗抄手。
 c. 我买碗馄饨。a
62. a. 一下就捉住了。a
 b. 一下就护到了。
 c. 一下就捞到了。
63. a. 我买点灰面。
 b. 我买点面粉。a
 c. 我买点白面。a
64. a. 把东西放好。a
 b. 把东西揞好。
 c. 把东西搁 [ka] 好。
65. a. 我想看一看他。a
 b. 我想看一下他。b
 c. 我想看他一下。
 d. 我想看他一下子。
 e. 我想看他下子。
66. a. 我去拿把缸。
 b. 我去拿杯子。
 c. 我去拿茶缸子。
 d. 我去拿茶杯。a

参考文献

陈建民．1984．汉语口语．北京：北京出版社
陈建民．1994．说话的艺术．北京：语文出版社
瞿时雨．1998．普通话教程．成都：四川人民出版社
唐建新，罗容章．1996．普通话教程．成都：成都科技大学出版社
张颂．1990．朗读学．长沙：湖南教育出版社
周国党．1991．普通话训练教程．成都：四川人民出版社